I0820652

Charles Trang

L'acquisition, par les Editions Heimdal, d'une cinquantaine de diapositives couleur provenant d'un correspondant de guerre et datant pour la plupart de l'hiver 1942 – 1943 ainsi que du printemps et de l'été 1943, constituait une occasion unique de revenir sur l'historique de la SS-Gebirgsdivision « Nord » *au cours de cette période. C'est en effet un épisode peu connu de la Seconde Guerre mondiale car il s'est déroulé sur un front secondaire – la Finlande – où les protagonistes des deux camps n'ont guère montré de velléités offensives même si les combats qui y ont été livrés le furent avec un acharnement identique à celui qui avait prévalu sur les fronts dits « majeurs ».*

La SS-Division "Nord"

L'hiver sur le front de Carélie avec ses conditions de froid extrême. Un habillement adéquat est indispensable pour éviter la mort par hypothermie : plusieurs couches de vêtements, des gants épais, des bottes de feutre, une capuche, une cagoule… (Munin Verlag)

Ouvrage écrit par Charles Trang,
conçu par Georges Bernage.

Restauration des photos couleurs : Erik Groult.

Rédaction graphique : Christel Lebret, Nicolas Bucourt.

HEIMDAL

Fartage des skis avant un départ en patrouille. Pour ce genre de mission, l'habillement est plus léger car il faut de la liberté de mouvement. En outre, les efforts pour se déplacer rapidement en skis produisent de la chaleur, ce qui rend non indispensable la tenue aperçue dans le cliché précédent. (Munin Verlag)

Création de la division

Le 22 février 1941, le *SS-Führungshauptamt* ordonne la création d'un groupement tactique (*SS-Kampfgruppe «Nord»*) à partir des *SS-Totenkopf-Standarten 6* et *7*, qui se trouvent alors dans le sud de la Norvège en tant que forces d'occupation, et de la *SS-Nachrichten-Abteilung «Oslo»* (*SS-FHA, Org./Tgb. Nr.47/41*). Afin d'encadrer et d'appuyer ces unités, de nouvelles formations sont mises sur pied en Allemagne : toutes celles-ci doivent se rassembler à partir du 15 mars 1941 à Stettin. En quelques jours, la *SS* envoie donc en Poméranie des réservistes de l'*Allgemeine-SS* et des gardes de camps de concentration afin de fournir le personnel nécessaire. Au niveau de l'encadrement, Himmler ne dispose pas ni d'officiers ni de sous-officiers ayant de l'expérience militaire et encore moins celle du combat. Peu lui importe au fond. Ce qu'il souhaite, c'est de créer une unité supplémentaire pour la *Waffen-SS.* Du côté de la *Wehrmacht*, on attend également avec impatience ce renfort car le nombre de divisions prévues pour l'offensive en Carélie est notoirement insuffisant pour atteindre les objectifs fixés. La *SS-Kampfgruppe «Nord»* va en outre devoir supporter un handicap supplémentaire : alors que son instruction n'en est qu'à ses balbutiements et que les hommes apprennent tout juste à se servir des armes d'origine tchèque qui leur ont été fournies, ordre lui est donné de s'embarquer pour le nord de la Norvège. Entre-temps, les *SS-Totenkopf-Standarten 6* et *7* ont été rebaptisées *SS-Infanterie-Regimenter 6* et *7* pour employer une nomenclature plus conforme aux usages en vigueur dans l'armée.

L'encadrement de la *Kampfgruppe* est également issu des *Totenkopfverbände.* A deux ou trois exceptions près, les officiers qui le composent ne vont pas faire une grande carrière au sein de la *Waffen-SS* : après le désastre de Salla, la plupart seront remplacés et mutés vers des postes administratifs ou vers des unités de dépôt (et encore faut-il noter que peu de temps avant son arrivée sur le front, la *Kampfgruppe* avait été expurgée de ses cadres jugés inaptes au service en première ligne en raison de leur âge trop avancé ou de leur incompétence notoire). En effet, dès le 2 juillet 1941, la *Kampfgruppe* est engagée en Finlande le long de la voie ferrée Rovaniemi – Salla – Kandalashka en direction de la Mer Blanche. Par manque d'expérience, les *SS* tentent à trois reprises de briser la ligne de résistance ennemie mais ils sont à chaque fois refoulés avec de lourdes pertes. Pire, les Soviétiques passent à la contre-attaque et la panique gagne les rangs de la *Kampfgruppe.* En onze jours de combats, celle-ci perd 20% de ses effectifs de mêlée. Suite à cette bataille, le commandement allemand décide de la scinder pour la partager entre ses divisions voisines, que celles-ci soient allemandes ou finlandaises. On imagine alors aisément l'impact de cette débâcle et des mesures consécutives sur le moral et la cohésion de la *Kampfgruppe*. Malgré cet échec cinglant, Himmler décide de la transformer en division motorisée, ce qui est ordonné au mois de septembre. L'unité est appelée *SS-Division «Nord» (mot.)* et, pour la compléter, quatre bataillons d'infanterie, deux groupes d'artillerie, un bataillon du génie et des formations de soutien logistique sont organisés et instruits au camp de Wildflecken. En mai 1942, ces unités embarquent à Danzig et à Königsberg pour la Finlande où elles rejoignent le reste de la division.

Des conditions de combat très particulières

Le front de Finlande possède des particularités qui lui sont propres et que l'on ne retrouve sur aucun autre théâtre d'opérations au cours de la Seconde Guerre mondiale.

Il y a tout d'abord sa situation géographique, au niveau du cercle polaire, qui impose des préparations spécifiques sur les plans du commandement, de l'armement, de l'instruction des troupes, de l'équipement, de l'habillement, de la résistance des hommes au froid, de la nourriture, des abris, du ravitaillement ainsi que des moyens de communication. Pour ces derniers, il faut savoir que les caractéristiques magnétiques du pôle perturbent les transmissions par radio, ce qui impose d'avoir des officiers bien entraînés pour l'utilisation de fréquences longues sur le terrain. Les caractéristiques magnétiques rendent également inopérants les compas et les boussoles, obligeant les soldats à savoir s'orienter au moyen de la reconnaissance des constellations ! Ceci est

Deux officiers de la *Nord* tentent de s'orienter dans un paysage affreusement uniforme où aucune particularité de terrain ne se distingue. Marécages, lacs et forêts épaisses se succèdent dans une terrible monotonie. Les conditions magnétiques du cercle polaire rendent en outre inopérants les compas et les boussoles. Il faut donc une instruction solide et de l'expérience pour ne pas se perdre sur un tel terrain. (Munin Verlag)

cependant très souvent impossible dans les forêts denses, par temps brumeux ou nuageux ou en cas de chute de neige. Les opérations militaires sont directement influencées en hiver par la longue nuit qui dure près de vingt heures et en été par des journées ensoleillées sur vingt-trois heures. Au niveau du cercle polaire, la végétation – toundra au nord, forêts et marécages plus au sud – dicte elle aussi ses conditions et influe directement sur les méthodes de combat qui sont diamétralement opposées selon que l'on se situe au nord ou au sud de ce cercle.

Le peu de routes existantes accentue grandement l'importance stratégique des rares voies de communication à savoir les voies ferrées, les canaux et les routes carrossables, en particulier si celles-ci sont reliées à un port aux eaux non gelées en hiver.

Dans ces conditions, il est primordial de disposer de troupes mobiles dans les circonstances hiver-

Livrer des repas chauds à la troupe qui vit et combat sur le front est une nécessité qui tourne à l'obsession. Tous les moyens sont mis en œuvre pour cela. On voit ici une roulante de la compagnie antichar de l'un des deux régiments de *Gebirgsjäger*. (Droits Réservés)

Une pièce de DCA de 20 mm en action. La *SS-Flak-Abt.6* possède 12 canons de ce type en 1942-1943. Celui-ci a déjà abattu quatre avions soviétiques à en juger par les cercles qui ont été peints sur le tube. (Droits Réservés)

nales vu que l'hiver dure huit mois par an. Il faut savoir exploiter les moyens de locomotion des autochtones, à savoir les skis, les kayaks ou encore les traîneaux tirés par des rennes. Les chevaux ne sont utilisables qu'au sud tandis que les mulets sont indispensables pour transporter le matériel lourd à travers la forêt. Il faut également construire des routes en rondins afin de pouvoir ravitailler les troupes se trouvant en terrain marécageux. Les lacs doivent être mis à profit pour l'approvisionnement des unités, au moyen de bateaux en été et de traîneaux en hiver. Toutefois, il demeure important d'adapter les véhicules à moteur aux conditions septentrionales par l'utilisation d'antigels et en tenant à disposition des chasse-neige pour dégager les routes. Dans les zones dégagées, les traîneaux rapides peuvent apporter une contribution non négligeable lors des missions de reconnaissance.

Des sapeurs du génie appartenant au *SS-Pi. Btl.6* déversent un solvant sur la route pour enlever les plaques de glace qui la rendent dangereuse. Les hommes portent des tenues ignifuges car le solvant est hautement inflammable. Ses vapeurs sont également toxiques. En revanche, les officiers qui se tiennent sur la droite semblent n'en avoir cure. (Droits Réservés)

Un convoi de ravitaillement lors d'une pause sur une route en très bon état. Nous sommes en 1942 ou en 1943 et les bottes ont été remplacées pour ces hommes du train par des chaussures avec guêtres. (Droits Réservés)

L'utilisation de panzers n'est envisageable que si ceux-ci possèdent un châssis assez haut et des chenilles larges. Ils ne sont pas adaptés au combat en zone forestière ou marécageuse, ce qui limite grandement leur emploi vu que ce type de terrain prédomine en Carélie.

En ce qui concerne la troupe, il est essentiel que celle-ci ait été préalablement confrontée à ces conditions si particulières avant d'être envoyée au combat. Savoir se protéger les mains, les pieds, le nez et les oreilles des gelures est primordial car dès qu'une partie du corps commence à noircir, alors l'amputation devient inévitable. Des mesures (onguents, réchauffement) doivent être prises dès l'apparition des premiers signes de gelure. Pour éviter ce type de désagrément, l'utilisation de masques faciaux trouve toute sa justification, non seulement en termes de camouflage mais surtout pour la protection du nez et des oreilles. Idéalement, un masque facial doit être en feutre blanc, attaché sur la tête et couvert par une capuche de façon à ne pas laisser à l'air les contours du visage.

A propos de chaussures, on voit ici des *Gebirgsjäger* avec leurs chaussures de montagne ce qui indique que ce cliché a été pris après la transformation de la division motorisée en division de montagne. (Droits Réservés)

Un camion du train de munitions lors d'une pause repas. L'homme se tenant debout au centre porte encore les vieilles bottes qu'il possédait déjà en 1941. D'évidence, les chaussures de montagne n'ont pas été distribuées à l'ensemble du personnel. Il est vrai qu'elles sont plus longues à confectionner et qu'elles sont plus onéreuses que les bottes précédemment en dotation. (Droits Réservés)

Pour les unités de mêlée, les parkas ne sont guère pratiques car elles ont tendance à s'accrocher aux obstacles en raison de leur volume important. Leur poids important gêne également les mouvements. Pour les troupes à skis, elles sont également trop chaudes. Il faut privilégier les combinaisons ou bien les sur-blouses de couleur blanche : en fait, la superposition de vêtements fins et légers permettant une circulation d'air entre les différentes couches, constitue une excellente protection contre le froid tout en laissant aux soldats la capacité de bouger facilement. Quand la guerre devient statique, il convient de disposer de bottes de feutre avec des semelles et un revêtement extérieur en cuir pour protéger les pieds du gel.

Au niveau des abris, quand il est nécessaire d'en construire un temporaire, alors l'igloo constitue la meilleure des solutions. Quand on monte une tente en forêt, il faut surtout constituer un sol avec des branches de sapin pour isoler du froid. Si le séjour se prolonge, alors il est indispensable de construire un abri en rondins.

Pour la nourriture, le froid intense impose des rations alimentaires enrichies en matières grasses. L'absence de lumière et de soleil en hiver oblige également des supplémentations en vitamines.

Une voiture s'est garée derrière une roulante, probablement pour venir chercher un repas pour ses occupants. On remarquera les bûches destinées au chauffage de la roulante. (Droits Réservés)

Portrait d'un officier s'apprêtant à mener une patrouille derrière les lignes soviétiques. On remarquera les six chargeurs de rechange pour sa *MP-40* ainsi que le couvre-casque porté comme un bob. (Munin Verlag)

Le *SS-Untersturmführer* Hermann Diembeck, le *SS-Hauptsturmführer* Adolf Braun et le *SS-Obersturmführer* Fritz Grond prennent un peu de repos après une période marquée par de durs combats. Diembeck finira la guerre en tant que *Divisions-Adjutant* et Braun en tant que commandant du *SS-Pz.Gren.Btl.506*, cette dernière unité étant la nouvelle dénomination du *SS-Schützen-Bataillon 6*. Grond, quant à lui, prendra la tête de la 3e compagnie du bataillon de skieurs norvégiens en janvier 1944 avant d'être muté à la division «*Wiking*» quatre mois plus tard. Ce guerrier au tempérament de feu est tenu en très haute estime par ses hommes. Il finira la guerre comme aide-de-camp du général Gille à l'état-major du *IV.SS-Pz.Korps*. (Munin Verlag)

Les carences de toutes sortes provoquent des chutes de dents, des désordres digestifs et rénaux, tandis que la nuit quasi constante affaiblit la vue. Ceci affecte surtout les jeunes soldats dont la croissance n'est pas encore tout à fait achevée plutôt que ceux qui sont matures.

Sur le plan tactique, il faut prendre en compte la période de dégel au printemps qui rend impossible toute opération militaire. Les marécages sont alors infranchissables. Le seul moment vraiment favorable à de vastes mouvements de troupes est la période qui s'étend de la mi-juin à la fin août. Si, au nord du cercle polaire où prédominent les sols rocheux balayés par des vents glaciaux c'est à l'aviation de jouer le rôle principal, il en va tout autrement dans les forêts et les marécages qui se trouvent au sud du cercle polaire. Là, ce sont les troupes au sol qui doivent supporter le poids des combats. L'infanterie trouve là un rôle qui exige agressivité en attaque et abnégation en défense car l'artillerie n'est pas d'un soutien très efficace : en effet, les vastes zones marécageuses, le peu de hauteurs significatives et les forêts à perte de vue où aucune particularité ne se distingue sont autant de handicaps pour les artilleurs dont les mesures sont difficiles à établir avec précision. Au plus fort de l'été, les tirs d'artillerie ou les tapis de bombes créent souvent des incendies qui s'étendent rapidement. Enfin, dans les forêts denses de Carélie, le combattant est souvent livré à lui-même et doit donc être capable de se débrouiller seul. Dans ces circonstances, il est primordial aux officiers de savoir garder le contrôle de leurs troupes. Quelque part, il s'agit des mêmes conditions auxquelles sont confrontés les combattants dans la jungle tropicale. Liberté d'action, capacité d'improvisation et esprit d'initiative sont les règles et les qualités qui sont de mise chez les officiers.

Au vu de ces exigences si particulières, il est clair que l'offensive finno-allemande en Carélie a été lancée avec trop peu de troupes et avec un approvisionnement insuffisant. La multiplication des objectifs (le port de Mourmansk, la voie ferrée de Mourmansk, le canal Staline) n'en a qu'accentué les carences.

Transformation en division de montagne

La date de transformation de la division motorisée « *Nord* » en division de *Gebirgsjäger* n'est pas connue. Tous les auteurs – y compris votre serviteur – avaient jusqu'à présent établi cette date à la mi-juin 1942 sur la foi des écrits de Paul Hausser et du Dr Klietmann qui ont longtemps servi de références que l'on ne pouvait remettre en cause. Toutefois, certains documents prouvent sans aucune discussion possible que ces assertions sont fausses. En effet, dès le 15 janvier 1942, le *SS-Führungshauptamt* édicte un ordre (*SS-FHA Org.Tgb.Nr.316/42 geh. Betr. : Neuaufstellung und Umgliederung der Sanitätsdienste für die SS-Geb.Div. "Nord"*) relatif à la réorganisation des unités médicales au sein de la *SS-Gebirgsdivision* « *Nord* » ! Cette réorganisation doit se dérouler à partir du 1er février 1942 à Wildflecken. Mieux encore, le 3 mars 1942, le *SS-Führungshauptamt* édicte un nouvel ordre (*SS-FHA Org.Tgb.Nr.65/42 g.Kdos. Betr. : Gliederung der SS-Geb.Div.* « *Nord* ») qui détaille la structure de la division de montagne telle qu'elle a été approuvée par le Führer. En voici la retranscription dans ses grandes lignes.

Conformément à l'ordre du Führer, les unités se trouvant en cours de formation à Wildflecken doivent être organisées de la façon suivante :

Une compagnie antichar est transformée en compagnie antichar motorisée et équipée de 9 canons de 7,62 cm russes capturés, conformément à un ordre datant du 8 décembre 1941 (*SS-FHA Org.Tgb.Nr. 5351/41 geh.*) et selon les tableaux de dotation (*KSt* et *KAN 1148a*) du 1er mars 1942.

Une compagnie du génie motorisée selon les tableaux de dotations du 1er novembre 1941 (*KSt* et *KAN 714*)

En revanche, une réduction des unités dont la constitution avait été ordonnée consécutivement à des ordres édictés les 9 et 28 décembre 1941, est rendue immédiatement effective. Ainsi, la création d'un hôpital de montagne pour chevaux est abandonnée, ainsi que celle d'une batterie d'obusiers lourds et d'une batterie de canons de 10 cm. En outre, l'état-major du régiment d'artillerie de montagne, une batterie d'obusiers lourds et une batterie de canons de 10 cm, qui étaient en cours de constitution à Wildflecken sous la supervision du *SS-Standartenführer* Viktor Knapp, doivent gagner la Finlande. De façon simultanée, les unités divisionnaires se trouvant sur le front de Carélie doivent se réorganiser. A titre d'exemple, le bataillon de transmissions motorisé doit devenir un bataillon de transmissions de montagne partiellement motorisé ; dans le même ordre d'idées, les états-majors des régiments 6 et 7 doivent se transformer en états-majors de régiments de chasseurs de montagne (*SS-Gebirgsjäger-Regiment 1* et *2*) selon les tableaux de dotations «102» du 1er novembre 1941. Ainsi, la division doit à terme avoir la structure suivante :

Une collation au PC du *SS-Geb.Jg.Rgt.11* pour fêter le départ de Berthold Maack. On reconnaît, de gauche à droite, les *SS-Hauptsturmführer* Alfred Steurich (à moitié caché) et Adolf Braun, le *SS-Sturmbannführer* Hermann Brandt, le *SS-Oberführer* Berthold Maack, x et le *SS-Hauptsturmführer* Gottlieb Renz. (Munin Verlag)

Le *SS-Obersturmbannführer* Johann Georg Göbel en compagnie d'officiers du *SS-Geb. Art.Rgt.6.* Le troisième en partant de la droite est le *SS-Sturmbannführer* Rudolf Klaphake, commandant de la *II. Abteilung*. Göbel est surnommé « *Kanonen-Göbel* » par ses subordonnés. Il vient de la *SS-Polizei-Division* dont il dirigeait la *III./SS-Art. Rgt.4.* (Munin Verlag)

Bivouac en forêt. Le camouflage de ces hommes est presque parfait. On notera les moustiquaires qui servent autant à protéger le visage des moustiques qu'à parfaire le camouflage facial au combat. (Coll. Charles Trang)

Etat-major divisionnaire

Deux régiments de chasseurs de montagne avec pour chacun une compagnie d'état-major, trois bataillons de chasseurs et deux compagnies hors-rang (canons d'infanterie avec 2 canons lourds et canons antichars avec 2 canons lourds et 9 canons légers). Chaque bataillon comprend cinq compagnies soit trois compagnies de chasseurs, une compagnie de mitrailleuses lourdes et une compagnie d'état-major disposant en particulier d'un peloton du génie.

Un bataillon d'infanterie motorisée (*SS-Schützen-Bataillon « Nord »*) fort de trois compagnies de fusiliers, une compagnie lourde (avec 12 mitrailleuses lourdes et 6 mortiers de 81) et une compagnie mixte (génie, canons d'infanterie, canons antichars lourds).

Une batterie de canons d'assaut avec 7 *StuGe*.

Un régiment d'artillerie de montagne avec une batterie d'état-major, une batterie d'observation et quatre groupes d'artillerie, soit deux groupes d'artillerie de montagne à trois batteries chacun pour un total de 24 canons de montagne tractés par mulets, et deux groupes d'artillerie motorisée comprenant en tout trois batteries d'obusiers légers, deux batteries d'obusiers lourds et une batterie de canons lourds.

Un bataillon de transmissions à deux compagnies de téléphones et une compagnie radio.

Un bataillon du génie à trois compagnies dont une motorisée, et une colonne de pontonniers.

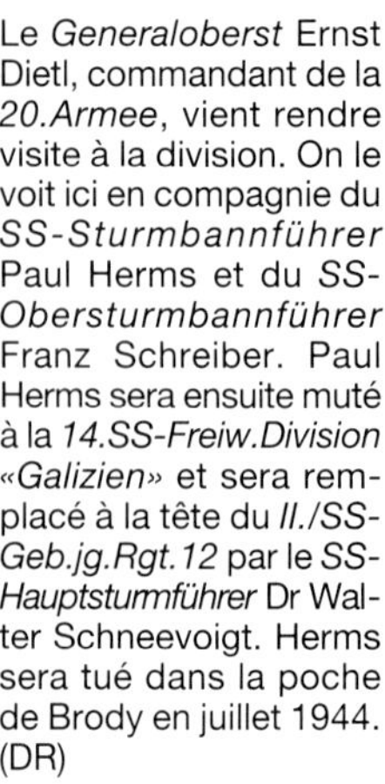

Le *Generaloberst* Ernst Dietl, commandant de la *20.Armee*, vient rendre visite à la division. On le voit ici en compagnie du *SS-Sturmbannführer* Paul Herms et du *SS-Obersturmbannführer* Franz Schreiber. Paul Herms sera ensuite muté à la *14.SS-Freiw.Division «Galizien»* et sera remplacé à la tête du *II./SS-Geb.jg.Rgt.12* par le *SS-Hauptsturmführer* Dr Walter Schneevoigt. Herms sera tué dans la poche de Brody en juillet 1944. (DR)

Ci-dessus : une équipe d'opérateurs radio en patrouille. En plus du matériel de transmissions, il leur faut porter un fusil à l'épaule, soit près de trente kilogrammes. (Collection Michael Cremin)

Ci-dessous : cette photographie met en exergue toute l'utilité des moustiquaires recouvrant le visage des hommes. En effet, en été, les moustiques pullulent dans les régions marécageuses de Carélie et constituent un véritable fléau. En outre, les moustiquaires constituent un appoint non négligeable pour le camouflage. (Collection Michael Cremin)

Ci-dessus : un obusier de 105 (*le.FH.18*) en position de tir, en soutien de l'un des régiments de *Gebirgsjäger*. On notera tout le soin qui a été apporté au camouflage de la pièce d'artillerie. (Collection Michael Cremin)

Ci-dessous : la capture de portraits de Lénine et de Trotsky constitue un mini événement que plusieurs hommes vont immortaliser avec leurs appareils photos personnels. On remarquera les différentes chaussures portées ainsi que la mitrailleuse *ZB-26(t)*, de fabrication tchèque.

Un groupe antichar motorisé avec une compagnie de 9 canons automoteurs et deux compagnies de 9 canons tractés chacune.

Un groupe de DCA motorisé avec une batterie de canons de 88, une batterie de canons de 37 automoteurs et une batterie de canons de 20 également automoteurs.

Un groupe de reconnaissance à deux compagnies motocyclistes et une compagnie lourde motorisée avec peloton du génie, peloton antichar et peloton de canons d'infanterie.

Le train divisionnaire avec 6 colonnes motorisées, 3 colonnes de muletiers, deux colonnes de carburant, deux compagnies de maintenance et une compagnie d'approvisionnement motorisée.

Un peloton de reporters de guerre.

Un service postal.

Une compagnie de prévôté motorisée.

Une compagnie vétérinaire.

Un service d'intendance avec une compagnie de boulangers, une compagnie de bouchers et un bureau de ravitaillement.

Comme on peut le constater, cette structure est intermédiaire entre celle d'une division d'infanterie motorisée et celle d'une division de montagne. Au sein des divisions de *Gebirgsjäger* du *Heer*, il n'y a pas de groupe de DCA, ni de bataillon d'infanterie motorisée, ni de compagnie antichar automotrice, ni de groupes d'obusiers motorisés pour ne citer que ces exemples les plus manifestes (1). La *SS-Gebirgsdivision « Nord »* semble donc très largement favorisée par rapport à ses homologues de l'Armée de Terre. Bien que la Carélie n'ait rien d'une région de haute montagne, une motorisation totale ne constitue cependant pas toujours un atout d'autant plus que les combats qui y sont livrés n'ont rien en commun avec ceux d'une guerre de mouvement. Le terrain y est assez difficile avec peu de routes qui traversent une forêt dense,

Portrait du *SS-Hauptsturmführer* Richard Benner, l'emblématique commandant du *SS-Schützen-Bataillon 6*. Il dirigera le *SS-Geb.Jg.Rgt.11 «Reinhard Heydrich»* à partir de janvier 1944 avant d'être muté à la *4.SS-Freiw. Pz.Gren.Brigade «Nederland»* dont il commandera le *SS-Pz. Gren.Rgt.48 « General Seyffardt »*. Il sera tué le 27 juillet 1944 en tentant de rejoindre la *Tannenberg-Linie*. (Droits réservés)

Traverser les nombreux cours d'eau et lacs de la région nécessite de disposer de moyens suffisants en bateaux de toutes sortes. Les canots pneumatiques sont intéressants en raison de leur légèreté, ce qui permet de les transporter à la force des bras. (Collection Charles Trang)

Pour les petits cours d'eau, un tronc d'arbre suffit souvent pour permettre leur franchissement. Les bâtons servent à éviter de perdre l'équilibre et donc de prendre un bain prématuré ! On notera que certains hommes ont couvert leurs calots par des couvre-casque à des fins de camouflage. (Collection Charles Trang)

entrecoupée de nombreux lacs. Aussi les unités du génie de la division vont passer une grande partie des années 1942 et 1943 à établir plusieurs routes afin d'optimiser le ravitaillement des unités et de faciliter les déplacements des armes lourdes d'un point névralgique à l'autre. La motorisation partielle de la division aura ainsi une signification.

Cette structure hybride, beaucoup plus étoffée qu'une division de montagne classique, se traduit naturellement dans les effectifs. Alors qu'une division de montagne du *Heer* ne comprend environ que quatorze mille hommes, la « *Nord* » dépasse les vingt-et-un mille hommes selon les tableaux des effectifs qui lui ont été attribués ! Mais outre les raisons évoquées plus haut, pourquoi avoir soudain décidé de transformer une division motorisée en division de chasseurs de montagne alors que les caractéristiques du front de Carélie étaient connues depuis fort longtemps ? La raison principale est avant tout pratique. Ceci permet à la *Nord* de bénéficier des avantages accordés aux unités de montagne sur le plan de l'équipement. Au niveau individuel, les hommes ont ainsi troqué leur paquetage de fantassin pour des sacs à dos et leurs bottes pour des chaussures de montagne. Sur le plan collectif, la division a reçu des mulets pour le transport de son ravitaillement en remplacement d'une partie du parc automobile. En effet, les camions, même tout terrain, ont d'énormes difficultés à se mouvoir sur les pistes menant aux unités se battant en première ligne. Dans le même ordre d'idée, les deux premiers groupes d'artillerie ont abandonné leurs obusiers de 105, peu manœuvrables et pénibles à ravitailler, pour être équipés de canons légers de 75.

Toutefois, cette réorganisation ne peut être réalisée du jour au lendemain d'autant plus le printemps 1942 n'est pas vraiment propice en raison d'une puissante offensive soviétique qui déborde les positions de la division sur son flanc nord. La contre-attaque lancée au mois de mai permet de reprendre le terrain perdu mais ces terribles combats ralentissent considérablement la réorganisation annoncée. Toutefois, des unités sont mises sur pied en Allemagne pour aider la division à prendre sa nouvelle forme. Ainsi, le 28 mars 1942, le *SS-Führungshauptamt* ordonne la mise sur pied de deux bataillons de *Gebirgsjäger* au camp de Wildflecken à compter du 1er avril (2), soit deux états-majors de bataillon, six compagnies de chasseurs de montagne, deux compagnies de mitrailleuses, deux compagnies d'état-major, deux pelotons du génie, deux pelotons de transmissions et deux pelotons de *Werfer*. Le commandement de ces deux bataillons est confié aux *SS-Sturmbannführer* Willy Braun et Willy Dusenschön (*SS-FHA Org.Tgb.Nr.1821/42 geh.*). Le 24 avril, tous les bataillons de chasseurs de montagne de la division se voient attribuer des techniciens de l'armement : *TFW Stellengruppe Z* pour les états-majors des bataillons, *Waffentechn. Gehilfe Stellengruppe M* pour les compagnies d'état-major et un sous-officier (*techn. Unterführer W Stellengruppe G*) pour chaque compagnie de chasseurs.

Le 4 juin 1942, le *SS-Führungshauptamt* ordonne la mise sur pied de la batterie motorisée de quatre canons de 10 cm comme cela avait été prévu dans la structure divisionnaire. Cette unité est également constituée au camp de Wildflecken sous le commandement du *SS-Obersturmführer* Medde.

Portrait du *SS-Hauptsturmführer* Adolf Braun, commandant de la *8. Kp./SS-Geb.Jg.Rgt.11* puis du *II./SS-Geb.Jg. Rgt.11* au cours de l'année 1943. (US NARA)

Dans les forêts très denses de la Carélie, la moindre clairière doit se traverser au pas de course car les snipers trouvent là un terrain idéal pour se camoufler. (Coll. Charles Trang)

Ramener un blessé nécessite une bonne dizaine d'hommes, surtout quand il s'agit de traverser un marécage. Dans ce cas-là, il faut porter le brancard à la hauteur des épaules pour éviter au blessé d'être trempé dans les eaux saumâtres. (Collection Charles Trang)

Le *SS-Brigadeführer* Matthias Kleinheisterkamp pose en studio pour le photographe après l'attribution de sa croix de chevalier, obtenue le 31 mars 1942 pour ses actions à la tête de la *SS-Kampfgruppe « Das Reich »* sur le front de l'Est. On notera les pattes de col du modèle antérieur à avril 1942. (Courtoisie de John P. Moore)

Au printemps 1942, la création de la *SS-Gebirgsdivision «Prinz Eugen»* constitue un coup dur pour la *«Nord»* qui doit non seulement se réorganiser de façon importante mais aussi céder un grand nombre de ses cadres pour la constitution de cette nouvelle division ! Certes, elle profite de l'occasion pour se débarrasser de quelques officiers âgés, comme le *SS-Stubaf.* Berndt von Steuben ou le *SS-Hstuf.* Hermann Müller pour ne citer que ces deux cas les plus frappants, mais elle est aussi obligée de céder des soldats ayant encore une belle carrière devant eux, à l'image du *SS-Hstuf.* Eggert Neumann.

Pour remplacer ces cadres en partance pour les Balkans et pourvoir tous les postes créés par la nouvelle organisation, le *SS-Personalhauptamt* envoie à la *Nord* un grand nombre de jeunes aspirants tout droit issus des *SS-Junkerschulen* ou encore des différentes unités de dépôt de la *Waffen-SS*. Les divisions *«Das Reich»* et *«Totenkopf»* lui cèdent également quelques officiers expérimentés. Ainsi, en quelques mois, la *Nord* se transforme en «vraie» division de la SS en armes alors qu'elle n'était auparavant qu'une formation mal encadrée et constituée de gardes de camps de concentration insuffisamment instruits au combat. Ce changement de caractère va lui permettre de regagner peu à peu la confiance des généraux du *Heer* auxquels elle est subordonnée.

Parmi les changements notables, on relève en particulier celui qui affecte le commandement de la division. Le *SS-Brigadeführer* Carl Maria Demelhuber, distingué, intelligent et féru de culture française, mais inapte au commandement d'une grande unité de mêlée, est relevé et remplacé par le *SS-Brigadeführer* Matthias Kleinheisterkamp (3), un officier passé par les rangs de la *Reich* et de la *Totenkopf* et qui possède une solide expérience du combat. C'est en grande partie grâce à lui que la mutation de la division s'opère efficacement. Il améliore de façon considérable le niveau d'instruction de la troupe et effectue les changements nécessaires au niveau de la structure de commandement, n'hésitant pas à muter les officiers atteints par la limite d'âge, comme le *SS-Standartenführer* Dr Wilhelm Berndt (né en 1889 !) ou le *SS-Sturmbannführer* Otto Berger, ou encore ayant montré des insuffisances criardes sur le plan tactique, ou bien encore pour des motifs divers (alcoolisme si l'on se réfère au cas du *SS-Sturmbannführer* Hans Rüger). Le rajeunissement est notable (la moyenne d'âge sera de 23,8 ans au 1er janvier 1943) et porte rapidement ses fruits.

Avec les créations de la *SS-Gebirgsdivision « Nord »* puis, au printemps 1942, de la *SS-Gebirgsdivision « Prinz Eugen »*, le *SS-Führungshauptamt* créé le 24 juillet de la même année une inspection des troupes de montagne (*Inspektion 9, Inspektion der Gebirgstruppen*) dont il confie la tête au *SS-Oberführer* Carl Reichsritter von Oberkamp (*SS-FHA Org.Tgb.Nr.4490/42 geh.*) et dont la mission est de superviser l'instruction des unités de dépôt en liaison avec l'*Inspektion 2*, d'envoyer les recrues adéquatement formées aux divisions en question, de proposer de nouveaux équipements et de nouveaux armements pour les troupes de montagne, d'utiliser les retours d'expérience pour l'optimisation de l'instruction et l'amélioration des tenues et des armes, d'inspecter les écoles de haute montagne pour l'instruction des

Opérateurs radio en patrouille. En général, ceux-ci ne marchent ni en pointe ni en queue, mais au centre, avec le gros du détachement. En effet, on doit leur laisser la position la plus sûre possible car le maintien des moyens de communication est une question de vie ou de mort pour la patrouille. (Collection Charles Trang)

Porter la soupe et les miches de pain vers les premières lignes constitue une tâche non seulement harassante en terrain difficile mais aussi dangereuse car les Soviétiques ont la fâcheuse habitude de s'infiltrer dans les lignes allemandes pour tendre des embuscades. Ces petits détachements portant le ravitaillement constituent des proies faciles. (Collection Charles Trang)

officiers et des sous-officiers, et enfin de planifier des stages de formation au combat en montagne, que ce soit dans les conditions hivernales ou estivales.

Situation de la division au cours de l'hiver 1942 – 1943

A la fin du mois de décembre 1942, la *SS-Gebirgsdivision «Nord»* compte 560 officiers (sur un effec-

Certains hommes de la division « *Nord* » ont réussi à se procurer de redoutables poignards finlandais. Ceux-ci ont toutefois le désavantage de se détacher clairement dans les tenues de camouflage. (US NARA)

Ci-dessus : un chef de patrouille s'apprête à envoyer un message à la division lors d'une mission. L'opérateur radio lui prépare le combiné. (US NARA)

Ci-dessous : une équipe servant un mortier de 81 mm s'apprête à ouvrir le feu. Les mortiers ne sont pas évidents à utiliser dans les forêts de Carélie car les branches des arbres peuvent faire exploser les obus peu après qu'ils aient quitté le tube. Il faut donc se placer dans les clairières ou dans les endroits dégagés, avec une exposition terriblement dangereuse pour les servants. Changer rapidement de position devient très vite un réflexe dans de telles circonstances. (Collection Michael Cremin)

Portrait d'un *SS-Gerbirgsjäger* dans une tenue caractéristique du front de Carélie avec la blouse camouflée et la moustiquaire. (Collection Charles Trang)

Portrait d'un *SS-Unterscharführer* en tenue bariolée. Celui-ci a pris le soin de noircir son visage pour parfaire le camouflage. (US NARA)

Ci-dessus : parfois, la pénurie de vêtements adaptés se fait sentir, même au niveau des unités combattantes. Ici, alors que le soldat se trouvant au premier plan est bien doté en tenues d'hiver, celui du second plan doit se contenter d'un grand manteau, habit bien peu commode pour se mouvoir et dont l'efficacité contre le grand froid est médiocre. (Collection Michael Cremin)

Ci-contre : un blessé est ramené vers les lignes allemandes lors d'un retour de mission. Ici, le brancard a été construit assez sommairement. Seuls quatre hommes sont mobilisés pour son transport mais le poids réparti sur chacun est donc plus important. (Collection Michael Cremin)

tif théorique de 725) et 20 176 sous-officiers et soldats du rang (sur un effectif théorique de 21 126). Du 1er janvier au 31 décembre, ses pertes ont été de 275 tués, 1033 blessés et 33 disparus, soit un total de 1341. Au cours de cette année 1942, afin de récompenser ses faits d'armes, 5 croix allemandes en or, 64 croix de fer de première classe et 492 croix de fer de deuxième classe ont été attribuées à ses soldats les plus méritants.

Ces hommes se reposent à l'issue d'une mission derrière les lignes ennemies. Ils paraissent épuisés et assoiffés. Les regards sont graves, signe hypothétique que l'affaire ne s'est pas déroulée de façon optimale. (Coll. Michael Cremin)

Quand débute l'année 1943, la division, désormais subordonnée au *XVIII.Gebirgs-Korps*, se trouve sur les positions qui lui ont été confiées le 10 septembre 1942, date à laquelle elle a relevé la *Gruppe «Krakau»* à l'est de Kiestinki. Cette relève a été progressive et s'est achevée le 1er octobre. A vol d'oiseau, le secteur attribué s'étire sur une vingtaine de kilomètres mais la configuration du terrain, avec ses nombreux lacs aux rives tortueuses, augmente sa longueur de façon importante.

Les positions sont tenues tout à fait au nord, donc sur le flanc gauche, par le groupe de reconnaissance (*SS-Aufklärungs-Abteilung «Nord»*) autour des lacs 52,54 et 55. La limite de son secteur, au nord, est constituée par la pointe sud-est du lac Tiikscheosero (encore appelé lac 56) jusqu'au lac Aschtama (lac 50), le lac 512 et la pointe nord-est du lac Nishneje (lac 60). Les éclaireurs SS ne sont pas suffisamment nombreux pour tenir le front de façon continue et se sont donc organisés en points d'appui et en postes de gardes, comme l'a raconté Friedrich Fritsch, un ancien de la *2.Kp./SS-Aufkl.Abt. «Nord»* : *«A la mi-septembre 1942, le poste de campagne «Birkhahn» est établi à environ 1000 mètres en avant de la position «Hasselmann» sur le flanc nord. Ses effectifs sont de douze hommes, leur chef est le SS-Ustuf. Ebeling.*

Je peux me souvenir d'Erich Leykamp ainsi que des camarades Ernst Kress, Ernst Wehmeier, René Mais, Fritz Genne, Helmut Schmidt et Rudolf Barth.

Le poste de garde ne dispose pas de bunker mais campe sous des tentes. Dans la nuit du 23 au 24, les Russes vont faire du bon travail.

Très tôt dans la matinée du 24 septembre, les Russes passent à l'attaque sur trois côtés à la fois avec une énorme supériorité numérique. Le gars qui s'occupe du téléphone n'arrive pas à établir de liaison avec le PC de la compagnie pour demander l'envoi de renforts.

Notre situation devient vite très menaçante. On essaie alors avec l'estafette Rolf et son chien et il y parvient sans se faire toucher par les balles ennemies. Alarmé par les bruits du combat, le chef de la compagnie, le SS-Hstuf. Graf, arrive à point nommé au secours des défenseurs du poste de garde avec un détachement rassemblé à la va-vite. Lors de cet assaut qui réussit à nous dégager, le SS-Hstuf. Graf, qui nous venait de Suisse, est tué. Le camarade Wehmeier, quant à lui, est tombé un peu plus tôt. Il n'y a pas d'autre mort de notre côté.

Lors de ce combat qui n'a pas duré plus de deux heures, les Russes ont laissé plusieurs cadavres sur le champ de bataille. Ceux-ci pourrissent à l'air libre. Ils n'ont pas eu le courage d'aller les chercher et de les enterrer.

Avec la venue de l'hiver, le 3e peloton de la 2e compagnie est placé en réserve pour être prêt à partir en patrouille. Il s'agit d'aller reconnaître des traces de skis – au nombre de sept – qui se trouvent à distance. En été, c'est facile car l'ennemi ne peut pas facilement repérer notre trajet alors qu'en hiver, avec les traces de ski…

Lors de cette patrouille, nous dépassons très souvent des cadavres de soldats russes. L'odeur de putréfaction remonte très haut dans nos narines.

Tirer au mortier en zone forestière est une tâche compliquée comme nous l'avons vu précédemment. L'arme a ici été placée dans une zone relativement dégagée et ses servants ont pris soin de s'abriter dans une excavation assez profonde et bien aménagée. (Coll. Michael Cremin)

Cette photographie a sans doute été prise en 1942 car les petits mortiers de 50 mm ont disparu des tableaux de dotation en 1943. (Collection Michael Cremin)

Portrait d'un combattant de Carélie avec pantalon rapiécé, blouse camouflée zippée, moustiquaire et *PPSH-41* prise sur l'ennemi. En patrouille, un fusil ne sert pas à grand'chose sauf s'il est équipé d'une lunette de visée pour les snipers. Il faut équiper les hommes avec des pistolets mitrailleurs car les combats se déroulent le plus souvent à très courte distance, surtout en hiver quand la neige est épaisse. En effet, la végétation, très dense, empêche de voir très loin tandis que la neige amortit les bruits. Quand on tombe sur l'ennemi, il faut être capable de réagir rapidement et «d'arroser» les gens d'en face avant qu'ils ne le fassent. Les pistolets mitrailleurs sont donc les armes idéales dans ces conditions et il n'est pas du tout surprenant que ceux de l'ennemi soient utilisés afin d'augmenter la puissance de feu des patrouilles. (Collection Michael Cremin)

Paysage caractéristique de la région où combat la division *«Nord»* : une plaine recouverte de forêts entrecoupées de lacs de toutes tailles. Beaucoup d'arbres ont été coupés pour la construction d'abris, pour servir de bois de chauffage ou bien encore pour la construction de routes en rondins. (Collection Heimdal)

Une armée qui n'enterre pas ses morts ne connaît pas la camaraderie.

Je peux me souvenir de l'opération «Osterrippe». Nous avons alors laissé soixante de nos camarades morts sur le champ de bataille. Au bout de plusieurs semaines, peu avant la fonte des neiges, nous avons engagé deux groupes de sécurité et un détachement de récupération pour aller chercher nos morts. Ils ont été enterrés au cimetière de Kiestinki. Ceci est de la camaraderie qui signifie que chacun peut compter sur l'autre et qui tient encore aujourd'hui. Cette camaraderie a permis à toutes les divisions de la Waffen-SS d'obtenir de grands succès lors de ses engagements.

Sur le flanc nord, les patrouilles mettent les nerfs à rude épreuve pour chacun d'entre nous. A tout

Construction d'une maison en bois. C'est le matériau que l'on trouve le plus aisément et qui constitue en outre un bon isolant contre le froid. (Collection Heimdal)

Vue d'ensemble de la construction que l'on pourrait qualifier de « coquette » compte tenu des circonstances. (Collection Heimdal)

moment, une arme russe peut se dévoiler depuis les broussailles. Celui qui réagit le premier reste en vie. Ce n'est qu'avec la plus grande prudence et une bonne connaissance du terrain que nous parvenons à nous sortir de cet enfer sans trop de pertes.

Mes camarades du poste de campagne «Birkhahn», Helmut Schmidt et René Mais, seront tués en Alsace et à Hunsrück. Les camarades suisses, Jakob Tanner et Hans Rutschmann, tomberont en mars 1945 à Kobern et à Hunsrück. Tous deux reposent au cimetière de Pfaffenheck.»

Le secteur central de la division est confié au *SS-Geb.Jg.Rgt.7* qui a édifié ses fortifications de campagne entre les lacs Nishneje et Tschornoje (lac 70). Sur sa droite, de part et d'autre de la «Route des SS», se tiennent le *SS-Geb.Jg.Rgt.6 «Reinhard Heydrich»* et le *SS-Schützen-Bataillon «Nord»*, ainsi que le *MG-Btl.4*, une unité du *Heer* qui est subordonnée à la division. Enfin, pour assurer l'approvisionnement de la *SS-Aufkl.Abt. «Nord»* et du *SS-Geb.Jg.Rgt.7* qui ont dans leur dos un immense lac (le Jeletjosero), le *SS-Pi.Btl. «Nord»* a établi trois zones de débarquement pour bateaux ravitailleurs. Ces derniers ont jusqu'à dix kilomètres à franchir sur les eaux du lac quand celles-ci ne sont pas gelées. Au niveau de l'artillerie, les *II.* et *IV.Abt./SS-Geb.Art.Rgt. «Nord»* sont en appui du *SS-Geb.Jg.Rgt.6 «RH»*, les *I.* et *III.Abt./SS-Geb.Art.Rgt. «Nord»* du *SS-Geb.Jg.Rgt.7*. Une batterie de canons de montagne de 7,5cm est en soutien de la *SS-Aufkl.Abt. «Nord»* sur le flanc gauche.

Comme le flanc nord de la division semble peu menacé, le régiment d'artillerie se voit interdire de tirer dans le secteur du groupe de reconnaissance ! Sur l'aile gauche du *SS-Geb.Jg.Rgt.7*, il est permis de tirer, mais avec modération. Les artilleurs disposent tout de même de 17 obusiers de 105, 5 canons de 88, 12 canons de 75, 4 canons de 105 à longue portée (qui ne doivent se dévoiler qu'en cas de grande menace) et 8 obusiers de 150. Sur le flanc droit, il n'y a pas de restrictions de ce type, sauf pour la batterie de canons de 105, jugée trop précieuse pour être galvaudée lors d'engagements mineurs. Là, le régiment d'artillerie, renforcé par un groupe du *Heer*, compte 23 obusiers de 105, 12 canons de 75, 8 obusiers de 150 et 4 canons de 105.

Le front n'étant pas continu, il convient d'assurer la défense des arrières contre des infiltrations soviétiques. A cette fin, la *Pz.Jg.Abt.99* (*Major* Götze) est subordonnée à la division et vient protéger l'importante artère Kiestinki – Okunjewa-Guba (*Strasse der Gebirgsjäger*) avec le soutien d'éléments finlandais et SS (*SS-Pz.Jg.Abt. « Nord »* et *SS-Pi.Btl. « Nord »* en particulier). Même la *1.Kp./SS-San.Abt. « Nord »*, une compagnie médicale, doit se plier à ces exigences.

Au mois d'octobre 1942, le *MG-Btl.4* est retiré du front pour être placé en réserve du corps d'armée. Il est remplacé en première ligne par le *II./SS-Geb.Jg.Rgt.6* (*SS-Ostubaf.* Berthold Maack), ce qui signifie que tous les bataillons de chasseurs de montagne de la division sont désormais au contact de l'ennemi. Au mois de novembre, le *SS-Schützen-Btl. « Nord »* est retiré à son tour du front pour constituer une réserve pour la division.

Cette période est également marquée par des changements au niveau de la structure de commandement. Ainsi, le chef d'état-major, le *SS-Stubaf.* Eugen Kunstmann, est rappelé en Allemagne pour prendre la tête d'un bataillon de panzers au sein de la division « *Totenkopf* ». Il est remplacé par le commandant du *I./SS-Geb.Jg.Rgt.6*, le *SS-Stubaf.* Küchle, qui ne possède aucune expérience du travail d'état-major. Il est lui-même remplacé à la tête de son bataillon par le *SS-Hstuf.* Wolf.

Détail de la construction qui vient d'être achevée. On a pris le soin d'aménager de quoi planter quelques fleurs ! On remarquera le toit recouvert de branches à des fins de camouflage. (Collection Heimdal)

Quand débute l'année **1943**, les dispositions prises par la division sont quasiment identiques à celles datant de septembre et d'octobre 1942 comme décrites ci-dessus. Le front est alors plutôt calme. De temps à autre, un coup de feu claque et un homme tombe, victime d'un sniper patient et bien camouflé dans la neige. Des patrouilles de skieurs partent en reconnaissance quotidiennement ou presque. Il s'agit d'intercepter d'éventuelles infiltrations ennemies ou bien de mener un raid pour ramener des prisonniers. C'est sur le flanc nord, toujours occupé par le groupe de reconnaissance, que les missions sont les plus nombreuses. Le commandement de la division craint en effet de se voir débordé sur son aile gauche, bien plus

Une vue de l'intérieur, à la fois spartiate mais quand même plus confortable que les bunkers habituels. (Coll. Heimdal)

à découvert que la droite. Les points d'appui de ce secteur (« *Malja-Wara* », « *Kokossalmi* », « *Hammer* » et « *Kaprolat* ») comptent désormais sept jours de vivres, du bois de chauffage et assez de munitions pour les armes lourdes et les armes d'infanterie pour tenir un siège d'une semaine. Une petite hauteur, appelée « la montagne de Njato-Waara », est également transformée en point d'appui. Les artilleurs sont sollicités de façon assez régulière avec leurs pièces pour neutraliser les positions abritant des armes lourdes mais aussi pour stopper les éventuelles contre-attaques ennemies suite à une percée allemande. Il faut attendre une vingtaine de minutes – le temps nécessaire aux Soviétiques pour regrouper leurs hommes pour lancer la contre-attaque – avant de tirer. Il s'agit de se montrer efficace tout en évitant de gaspiller trop de munitions. Il est vrai que les conditions de ravitaillement sont difficiles, ce qui explique les nombreuses instructions relatives à la parcimonie. Dans ce cadre, le rôle joué par les observateurs d'artillerie se révèle primordial car le succès des tirs dépend directement de la précision de leurs relevés. De nuit, une percée ennemie rend difficile, voire inutile, tout tir de barrage dans la zone où la trouée a été effectuée. La neige profonde – généralement plus de 80 centimètres – amortit les impacts des obus de mortier, même les plus lourds.

Les 14 et 27 janvier, la division monte deux opérations, baptisées « *Juchten* » et « *Filz* », la première dans le secteur du *SS-Geb.Jg.Rgt.6*, la deuxième dans celui du *SS-Geb.Jg.Rgt.7*. « *Juchten* » est lancée depuis les positions de la *8.Kp./SS-Geb.Jg.Rgt.6* (*SS-Ostuf.* Gottlieb Renz), au nord de la *Strasse der SS* (route des SS). Elle est dirigée par le *SS-Ustuf.* Hesterberg avec un effectif assez faible (1 officier, 9 sous-officiers et 71 soldats du rang). Ce détachement est scindé en deux groupes de choc, un groupe de couverture et un groupe d'intervention en réserve. L'itinéraire a été préparé avec minutie par travail sur carte et par des patrouilles. L'attaque est lancée après une forte préparation d'artillerie et se termine par un succès probant. Cinq gros bunkers ont été détruits, ainsi que plusieurs casemates. Deux soldats russes sont capturés et de nombreuses armes d'infanterie font partie du butin. Une contre-attaque ennemie, lancée par le sud, est écrasée sous les coups de l'artillerie. Mais les pertes des *SS-Gebirgsjäger* sont également lourdes : 14 tués et 18 blessés. C'est le 2e groupe de choc qui a le plus souffert de la réaction ennemie car il s'est mal orienté et a subi des tirs de flanc.

L'opération « *Filz* » est lancée depuis les lignes du *II./SS-Geb.Jg.Rgt.7* avec des effectifs à peu près du même ordre que ceux engagés lors de « *Juchten* ». En effet, il y a là deux groupes de choc comprenant chacun 2 officiers, 3 sous-officiers et 24 soldats du rang, un groupe de couverture (avec 2 sous-officiers et 16 soldats du rang) et un groupe du génie (avec 1 sous-officier et 7 sapeurs). L'objectif est un avant-poste soviétique, situé au sud du lac 60, que les Allemands ont baptisé « *Russensack* » (la poche russe). A 4h00, le détachement traverse le champ de mines et atteint le no man's land situé au nord-est du *Russensack*. Les SS rampent dans la neige profonde jusqu'aux fils barbelés de l'ennemi. Les sapeurs, bardés de pinces et d'explosifs, ouvrent deux brèches dans le dispositif soviétique sans se faire repérer. A 5h00, l'artillerie ouvre le feu sur les positions ennemies, éclairant la nuit polaire. Plus de mille obus frappent le *Russensack*. A 5h50, les sapeurs s'élancent et font exploser les obstacles qui leur font face. Les groupes de choc s'engouffrent dans les deux brèches. Par chance, le bunker qui se trouve sur la route du premier groupe a été touché de plein fouet par un obus et n'est plus en mesure de le bloquer. Juste derrière, des meurtrières du deuxième bunker, partent de violents tirs d'infanterie. Les SS se déploient largement afin de diluer la puissance de feu ennemie tandis que les sapeurs se faufilent sur le côté. Le bunker est très vite neutralisé au lance-flammes. Ce scénario se répète à plusieurs reprises.

Le deuxième groupe, quant à lui, attaque vers le nord-est et se heurte d'emblée à une forte résistance. Un tireur de MG est tué, touché par une balle en pleine tête. Son camarade ramasse le fusil-mitrailleur et trouve une position de tir d'où il fait taire le bunker ennemi par une rafale bien ajustée sur l'embrasure. Deux sapeurs se ruent aussitôt vers l'avant et achèvent le travail avec une charge explosive.

Pendant ce temps, le premier groupe progresse par un boyau de liaison quand deux soldats russes surgissent et se mettent en position de combat. Mais ils ont une demi-seconde de retard et sont abattus. Les SS poursuivent leur avance mais ils reçoivent des tirs de pistolets-mitrailleurs sur leur flanc. Cela ne les stoppe pas. Par bonds successifs et à coups de grenades et de courtes rafales, ils parviennent jusqu'à l'entrée du bunker qu'ils prennent sous leur feu, permettant ainsi aux sapeurs de placer leurs charges explosives. Une position abritant un mortier est l'objectif suivant. Elle est emportée par un assaut intrépide. Trois soldats soviétiques lèvent les bras et se constituent prisonniers. C'est une bonne prise car l'un d'entre eux indique aux SS le chemin du retour à travers les champs de mines. Une fois les lignes allemandes réintégrées, les hommes du détachement de choc allument quelques cigarettes et avalent un verre de Schnaps. Les trois prisonniers partagent également ce moment de détente avant d'être envoyés vers l'arrière.

L'opération est un succès total car parfaitement préparée par le *SS-Hstuf.* Paul Schneider et les *SS-Ustuf.* Sinske et Wagner (*8.Kp./SS-Geb.Jg. Rgt.7*). Il n'y a que 2 morts et 10 blessés légers à déplorer. En revanche, 21 bunkers ont été détruits et 34 soldats soviétiques ont été tués. Le *Generaloberst* Dietl accordera trois jours de permission aux participants.

A la fin du mois de janvier, les services de renseignements de la division parviennent à établir un tableau assez précis des forces ennemies qui lui font face. Dans le secteur de Louhi, les Soviétiques disposent de la 186e division de fusiliers, les 61e et 65e brigades de fusiliers marins, le 27e bataillon autonome. La 67e brigade de fusiliers marins est en réserve. Sur le front, il y a la 23e division de fusiliers de la Garde, la 263e division de fusiliers et la 80e brigade de fusiliers marins. Ces trois unités seront bientôt retirées du front et remplacées par les formations se trouvant autour de Louhi.

L'état-major allemand est alors convaincu que les Soviétiques ne lanceront pas d'attaque de grande envergure au cours des semaines à venir. En effet, selon les dires des prisonniers, le personnel spécialisé (conducteurs de véhicules et tankistes) est parti vers le front principal (Leningrad et Moscou).

Du côté de la division « *Nord* », on profite de ce calme relatif pour construire des positions de campagne, poser des mines et surtout pour améliorer le niveau d'instruction de la troupe. Des manœuvres à petite échelle sont organisées afin de coordonner les différentes armes, ce qui n'avait jamais été effectué précédemment après plus de

Une construction similaire dans un cliché pris en hiver. Les cheminées dégagent de la fumée, un risque assumé car se chauffer est indispensable quand le froid dépasse les moins trente. (Collection Heimdal)

Vue des différentes maisons construites pour abriter le *SS-Kriegsberichter-Zug* de la division. (Collection Heimdal)

18 mois d'existence ! La transformation en *Gebirgsjägerdivision* se poursuit également car elle n'a pas encore été achevée en raison de multiples problèmes d'ordre technique. Il faudra attendre la mi-1943 pour que la transformation soit vraiment effective. La réduction du train est particulièrement drastique : on passe de 9 grandes colonnes de véhicules (*Grosse Kraftwagen Kolonne*) à cinq compagnies automobiles (*Kraftfahr-Kompanie*) réparties entre Kuusamo et Korpijärvi. Les services médicaux sont également réorganisés en un bataillon autonome sous l'impulsion du pharmacien divisionnaire, le *SS-Hstuf.* Dr. Wölfel, qui arrive d'Allemagne avec tout le matériel nécessaire. La compagnie vétérinaire, forte de 270 hommes, établit sa clinique centrale à Tuchkalla. Elle doit prendre soin de plus de 4000 chevaux et mulets qui servent principalement au ravitaillement des unités.

Le 14 février, une patrouille de la division, forte de 37 hommes, tombe sur une centaine de soldats soviétiques au nord-ouest du lac 17, à dix kilomètres au-delà des positions de la *SS-Aufkl.Abt. « Nord »*. L'accrochage est violent. Le combat dure jusqu'à la tombée de la nuit quand les deux adversaires préfèrent se replier. Les SS déplorent 3 mots et 7 blessés mais ils ont tué 21 Russes, fait un prisonnier et se sont emparés de documents qui se révéleront très précieux pour le bureau de renseignements de la *Nord*.

Deux jours plus tard, une patrouille de la *12.Kp./SS-Geb.Jg.Rgt.7* se heurte à un détachement soviétique fort d'une quinzaine d'hommes. Elle ne lui laisse aucune chance et la petite troupe ennemie est anéantie. Seuls deux soldats russes ont survécu et sont faits prisonniers. Les SS ont un seul blessé à déplorer.

Le 8 mars, un commando à skis de la *SS-Aufkl.Abt. « Nord »*, comprenant l'effectif d'une compagnie (6 officiers, 19 sous-officiers et 152 soldats du rang, disposant de 40 pistolets-mitrailleurs et 23 lance-grenades pour fusils), est engagé au nord du lac 64, sur le cours de la rivière Jeletji. Le commando se scinde en quatre pelotons (*Ski-Zug 1.Kp./SS-Aufkl.Abt. « Nord »*, *Ski-Zug 2.Kp./SS-Aufkl.Abt. « Nord »*, *Jagdkommando « Bachmeier »* du *II./SS-Geb.Jg.Rgt.7*, et *Jadgkommando « Glorius »* du *III./SS-Geb.Jg.Rgt.6*). Il emporte avec lui trois jours de vivres.

Les SS se tapissent dans la neige afin de surprendre toute troupe ennemie qui se présenterait. Leur attente ne dure pas. Peu après sept heures du matin, le peloton de skieurs de la *2.Kp./SS-Aufkl.Abt. « Nord »* et le *Jagdkommando « Glorius »* repèrent des soldats soviétiques marchant le long d'un sentier menant vers le nord. La colonne ennemie s'approche jusqu'à une trentaine de mètres de la forêt où sont dissimulés les chasseurs du *Jagdkommando « Glorius »*. Les Soviétiques portent leurs fusils en bandoulière, ce qui indique qu'ils ne s'attendent pas à trouver une force ennemie dans le secteur. Quand la tête de la colonne russe entre dans la forêt, les SS lui tombent dessus afin de faire des prisonniers. Mais les soldats soviétiques se défendent avec acharnement alors il faut ouvrir le feu. Postés sur le flanc de la colonne adverse, les éclaireurs de la *2.Kp./SS-Aufkl.Abt. « Nord »* lui infligent de lourdes pertes. Pas un soldat russe ne parvient à s'enfuir à travers la plaine. Il faut dire que les SS tirent depuis un terrain légèrement surélevé et cet avantage se révèle décisif. On compte 80 cadavres russes sur le terrain. Mais très rapidement, des mouvements ennemis sont repérés à l'est et à l'ouest de cette même plaine. Apparemment, il s'agit de renforts envoyés par les Soviétiques pour dégager la colonne. Ceux-ci ne savent pas que leur détachement a déjà été anéanti. Le *Ski-Zug 2.Kp./SS-Aufkl.Abt. « Nord »* vient se placer sur le flanc gauche afin de s'opposer à la contre-attaque ennemie tandis que le *Jagdkommando « Bachmeier »* est amené sur le flanc droit. C'est exactement là où les Soviétiques font leur apparition à 9h00. Cette fois, ils sont en formation de combat et leur assaut est précédé par des tirs de mortiers et de mitrailleuses lourdes. Un commissaire politique se trouve au milieu des hommes, les exhortant à envelopper les Allemands par la gauche. Mais les tirs des hommes du *SS-Ostuf.* Josef Bachmeier sont précis et éclaircissent rapidement les rangs des assaillants. A 10h30, l'ordre de décrochage est donné. Le commando de choc revient dans les lignes vers 17h00. Les Soviétiques, qui ont perdu plus de 90 tués lors du combat, n'ont pas essayé de poursuivre les SS. Ces derniers ne déplorent qu'un seul mort et huit blessés.

Une nature morte composée par le photographe SS. On peut lire sur l'étiquette de la bouteille qu'il s'agit d'une liqueur de Karl Hagelauer. Il s'agit d'une maison fondée en 1875 à Siegen et spécialisée dans les spiritueux. Elle commercialise également de la limonade et de l'eau minérale. La fabrique est détruite lors d'un bombardement allié et renaîtra de ses cendres en 1948. Cette entreprise familiale reste encore florissante de nos jours ! (Collection Heimdal)

Page précédente : un boyau a été creusé dans la neige pour relier les différentes habitations. (Collection Heimdal)

Le repas du guerrier ! On remarquera le journal « *Lappland Kurier* » (Le Courrier de Laponie) qui sert de nappe. C'est une publication destinée aux soldats allemands se battant sur le front de Finlande. (Coll. Heimdal)

A partir du mois d'avril, le nouveau voisin de droite de la division est le *SS-Polizei-Gebirgsjäger-Regiment 18* (*Oberst* Franz) tandis que, sur la gauche, le groupe de reconnaissance est renforcé par une compagnie de skieurs norvégiens.

Le front se réveille brusquement le 8 avril 1943 à 12h40 quand un pilonnage d'artillerie s'abat sur la *Gudrun-Stellung* puis se décale vers le sud contre les positions du *II./SS-Pol.Geb.Jg.Rgt.18*. Puis les Soviétiques passent à l'attaque sous le couvert d'un brouillard artificiel. Ils sont cependant repoussés par les tirs de l'artillerie divisionnaire.

Deux opérations de type commando sont menées au cours de ce mois d'avril. Le 16, le commando « Jonassen », dirigé par le *SS-Ostuf.* Jonassen, chef de la compagnie de skieurs norvégiens, a pour mission de repérer les éventuels postes de garde des Soviétiques dans le secteur situé à la pointe nord-est du lac Nishneje. Les SS norvégiens franchissent la rivière Jeletji à un kilomètre au sud du lac Aschtachma en direction de l'est et contournent le lac 17. Ils avancent prudemment mais le dépôt que des prisonniers russes leur avaient indiqué sur une carte se révèle vide de troupes. Mais plus au sud, les SS repèrent un camp, érigé sur une colline boisée. Mais il leur est difficile de déterminer combien de bunkers défendent son accès ni où ils sont situés car des troupes soviétiques en marche les empêchent de s'approcher à bonne distance. Les Norvégiens décident alors de pousser vers le sud pour couper la voie de ravitaillement de l'ennemi à 500 mètres au sud d'un poste de garde. Ils sont cependant aperçus par les Soviétiques qui se lancent aussitôt à leur poursuite. Afin de retarder les poursuivants, les Norvégiens placent une mine sous les traces de leurs skis. Dix minutes plus tard, l'explosion qui retentit dans la forêt leur indique que leur ruse a été efficace. La patrouille rejoint ses lignes sans avoir perdu un seul homme mais sans les renseignements qu'elle recherchait.

Le 23 avril, le groupe de reconnaissance lance une nouvelle opération destinée à indisposer les Soviétiques en essayant de faire un ou plusieurs prisonniers et d'éliminer les éléments défendant les postes de garde. Pour cela, il engage la compagnie de skieurs norvégiens (avec 1 officier, 2 sous-officiers et 41 soldats du rang), le *Ski-Kommando « Hasselmann »* (avec 2 officiers, 8 sous-officiers et 46 soldats du rang) et le *Ski-Kommando « Schlebes »* (avec 2 officiers, 11 sous-officiers et 68 soldats du rang). La compagnie « Jonassen » se voit confier la tâche de faire un prisonnier au niveau du lac 20, à six kilomètres à l'est du lac Nishneje avant d'établir une position de blocage au niveau du lac 17. Pour cela, il doit être protégé par le commando du *SS-Ostuf.* Günter Hasselmann dont la mission est d'établir une position de couverture et de recueil pour les hommes de Jonassen. Le commando du *SS-Hstuf.* Wilhelm Schlebes, quant à lui, doit couvrir le flanc gauche au nord de la rivière Jeletji contre une éventuelle attaque soviétique. Pour cette opération qui doit surprendre l'ennemi, le détachement de choc du groupe de reconnaissance équipe ses hommes

Un soldat se verse une rasade de la boisson aperçue précédemment. Apparemment, cela lui procure à l'avance une joie certaine. On notera les bottes de feutre partiellement recouvertes de cuir. (Collection Heimdal)

Superbe portrait d'un soldat vêtu d'une parka avec fourrure blanche recouvrant la presque totalité du haut du corps à l'exception des bras. On remarquera la ceinture de la *Waffen-SS* bien serrée autour de la taille. (Collection Heimdal)

Belle étude d'un soldat vêtu d'une parka par-dessus laquelle une combinaison blanche a été jetée à des fins de camouflage. La parka est doublée d'une légère couche de fourrure. On remarquera les gants de couleur verte et donc différente du *feldgrau* de la veste et du gris de la parka ! La *MP-40* est portée sur la poitrine car la main gauche est occupée à tenir un grand bâton. Ce dernier sert à tâter le sol ou à constituer un appui lors des traversées de ruisseaux. (Collection Heimdal)

Autre modèle de tenue hivernale portée par un *SS-Untersturmführer* de la *Nord*. Il s'agit cette fois-ci d'une sorte de parka zippée en peau retournée, possédant probablement une capuche. L'officier porte une chapka avec l'aigle de la *Waffen-SS*. (Collection Heimdal)

de 66 pistolets-mitrailleurs pour leur fournir ainsi une bonne puissance de feu tout en leur évitant d'être lourdement chargés. Au bout d'une marche de 14 heures, le commando « Jonassen » atteint le lac 20 le 24 avril à 10h00. Six soldats soviétiques sont aperçus malgré leurs tenues blanches. Ils marchent d'ouest en est en direction du lac. Au même moment, les SS repèrent une patrouille russe de sept hommes avec deux traîneaux hippomobiles marchant vers l'ouest. Les SS norvégiens décident de les attaquer dès qu'ils se trouveront à proximité de la rive du lac. Encerclée et sommée de se rendre, la patrouille soviétique répond par des tirs. Le combat contre les deux petits détachements ennemis ne dure qu'une petite demi-heure. Huit soldats russes sont tués, un autre est capturé. Parmi les tués figure le commandant du 82e bataillon de skieurs soviétiques. Les SS n'ont pas de perte à déplorer. Le commando « Jonassen » est recueilli à 13h00 par le commando « Hasselmann » à l'est du lac 17. Les prisonniers sont confiés à un sous-officier et douze hommes de ce dernier et ceux-ci se joignent aux Norvégiens pour regagner les lignes de la *SS-Aufkl.Abt. « Nord »*. Le gros du commando « Hasselmann » (2 officiers, 7 sous-officiers et 31 soldats du rang) part alors en patrouille à l'ouest du lac 17. Günter Hasselmann a l'intention de bloquer là un groupement ennemi menaçant le flanc du commando « Jonassen », celui-ci étant ralenti par les morts de précédents combats et récupérés au passage et par les prisonniers, dépourvus de skis. Sa décision est la bonne : il tombe très vite sur un détachement de skieurs russes et le combat qui s'ensuit lui permet de tuer six soldats ennemis. Vingt autres subissent le même sort quand ils tentent d'enve-

lopper les SS par un mouvement tournant. Les pertes du commando « Hasselmann » ne sont que de deux blessés. Après cet accrochage, les SS partent vers le nord pour tromper la vigilance ennemie. Mais la présence de deux blessés les ralentit considérablement et ils sont rattrapés par un groupe soviétique fort d'environ 80 hommes et armé de mitrailleuses lourdes et de mortiers. Le commando parvient à s'échapper une première fois mais les Soviétiques reviennent à la charge et il faut alors engager le combat. Le *SS-Ostuf.* Hasselmann est tué et sept hommes sont blessés. Le commandement revient au *SS-Ustuf.* Lindig mais celui-ci est également mis hors de combat. Le commando est alors dirigé par un simple sergent, le *SS-Uscha.* Kammerer. Les SS sont encerclés et n'ont que peu de munitions avec eux. Mais chaque attaque ennemie est repoussée au corps à corps. Fort heureusement pour eux, un détachement laissé en réserve, vient les dégager vers 18h00 depuis Akja. Les SS parviennent ainsi à décrocher, un par un, par un corridor de 2,5 kilomètres de long. Le décrochage est discret car, longtemps après l'évacuation de la poche, les Soviétiques continuent à la pilonner avec leurs mortiers. Les SS décrivent une large courbe vers le nord-ouest, jusqu'à la rive sud du lac Tiikscheorosero, pour rejoindre les lignes amies le lendemain matin.

Pendant tout ce temps, le commando « Schlebes » est resté relativement inactif. Après avoir atteint dans la matinée du 24 avril la zone que le groupe de reconnaissance lui a attribuée, il commence par envoyer des patrouilles et à placer des postes de sécurité. Vers 10h00, il entend des bruits de combat vers le sud-est mais ne bouge pas. Quelques heures plus tard, alors que de nouveaux bruits se font entendre, il reçoit l'ordre de pousser en direction de la pointe sud-est du lac 17. Ne rencontrant aucun ennemi dans ce secteur, il reçoit l'ordre d'établir une position de blocage à 500 mètres au sud du lac Aschtachma. Mais le terrain très difficile l'empêche d'accomplir sa mission, il reste posté trop au sud-ouest pour intervenir contre les Soviétiques qui poursuivent le commando « Hasselmann ».

Le 27 avril, c'est au tour des Soviétiques de tenter une infiltration dans les lignes SS. Profitant de la nuit et d'un orage, une patrouille réussit à percer jusqu'à la position défendant la voie de ravitaillement principale. Les SS réagissent rapidement et essaient d'envelopper les soldats russes par deux côtés à la fois. Le combat qui s'ensuit permet de capturer un sergent appartenant au 238e régiment de fusiliers.

Au mois de mai, un détachement canin est mis sur pied avec 2 officiers, 4 sous-officiers et 37 soldats du rang. Il est tout d'abord subordonné au bataillon de transmissions avant d'être scindé pour être partagé entre les deux régiments de chasseurs. En réalité, cette unité spéciale, la toute première de ce type au sein de la *Waffen-SS*, a vu le jour deux mois auparavant à Oranienburg, près de Berlin. Son personnel est constitué de convalescents issus de la *1.Genesenungs-Kompanie,* donc de vétérans du front de Carélie, et depuis dispersés dans différents bataillons de dépôt. Leur instruction dure deux mois : il s'agit de former des chiens et leurs maîtres pour des tâches de garde, de messagerie et de traction de traîneaux. Une fois instruit, le détachement gagne Danzig – Neufahrwasser pour gagner la Finlande. Une fois débarqué, il rejoint Kiestinki par camion. L'état-major de la division accueille cette nouvelle unité avec un certain scepticisme mais il sera très vite convaincu de son utilité, surtout pour les activités de patrouille. Là, un chien et son maître progressent en tête afin de repérer d'éventuels soldats soviétiques cachés dans les broussailles ou tapis dans la neige. Le flair des chiens est infaillible et ceci permet aux patrouilles de ne pas tomber dans des embuscades et donc d'éviter des pertes.

Au mois de juin, trois compagnies de dépôt sont mises sur pied à Oulu avec des cadres issus du *SS-Geb.Jg.Rgt.6*. Une quatrième l'est avec du personnel venant du *SS-Schützen-Btl. « Nord »* et du *SS-Geb.Jg.Rgt.7.* On attend en effet 405 nouvelles recrues qu'il va falloir former pendant quatre semaines avant de les intégrer au sein des unités de combat.

C'est le printemps avec la fonte des neiges. Il fait encore froid car il reste de l'eau gelée à la surface de ce petit étang. Au second plan, on aperçoit des éléments de la division avec des chevaux. Ceux-ci ne disposent pas de chariots, il ne s'agit donc pas d'une unité du train. (Collection Heimdal)

A la fin du mois d'avril, un bataillon de skieurs finlandais, un groupe d'artillerie légère et une compagnie du *III./SS-Pol.Geb.Jg.Rgt.18* viennent former la *Gruppe « Nord »* qui est subordonnée à la division dans le secteur Saschajek – Kundosero, au nord des positions tenues par le groupe de reconnaissance. Isolé par les nombreux lacs, ce détachement est ravitaillé par bateau par la rivière Paanaja puis par six camions par Borowskaja et à nouveau par bateau (ou traineaux en hiver).

Le 29 avril, vers 14h30, une patrouille soviétique arrive devant la colline « Mungo », une hauteur de 160 mètres d'altitude située à l'est du lac 63, d'où elle est facilement repoussée. Mais, quelques minutes plus tard, un groupe de choc essaie de s'en emparer avec le soutien d'une forte artillerie. Plus de 2500 impacts d'obus sont recensés sur la colline et, grâce à cet appui massif, les Soviétiques parviennent à s'établir solidement sur le versant oriental de la hauteur. Assez curieusement, à la tombée de la nuit, ils se replient en emportant leurs morts et leurs blessés. Du côté des SS, qui appartiennent au *SS-Geb.Jg.Rgt.7*, on annonce la perte de 5 tués et 15 blessés.

La colline « Mungo » constitue un danger pour les Soviétiques car elle constitue un véritable observatoire sur leurs lignes. Il n'est donc pas étonnant qu'elle fasse l'objet de tirs fréquents de l'artillerie russe.

Eté 1943 : guerre de positions

En cet été 1943, la division est dispersée en de multiples points d'appui isolés les uns des autres par de nombreux lacs et de vastes zones couvertes de forêts vierges, extrêmement denses et difficilement pénétrables. Ce terrain si particulier favorise évidemment les actions des partisans. Ces derniers en ont une connaissance parfaite et attaquent régulièrement, par groupes d'une cinquantaine d'hommes et de femmes (!), les centres de ravitaillement et les hôpitaux situés le long de la route Louhi – Kiestinki. Cette dernière, qui s'étire ensuite sur 200 kilomètres en direction de la Norvège, constitue l'artère vitale pour le *XVIII.Geb.-AK*. Les convois, qui se traînent à faible allure sur cette route faite de rondins, sont également des cibles idéales pour les partisans. Ceux-ci s'évanouissent dans la forêt aussitôt leur coup de main accompli. La réponse des Allemands à cette menace n'est guère efficace : rapprochement des dépôts, mise en place de points de contrôle et patrouilles de la force d'une section. Généralement, celles-ci interviennent toujours trop tard. La division est ainsi obligée de détourner une partie non négligeable de ses troupes pour la protection des voies de ravitaillement.

Face aux Soviétiques, le commandement allemand est passé de l'offensive à la défensive dès la fin de l'automne 1941. Désormais, le tracé de la ligne de front ne change guère. Les Allemands se contentent de lancer des raids – type commando – contre la voie ferrée venant de Mourmansk afin de tenter de paralyser le trafic intense des marchandises débarquées des convois de l'Arctique. A cette fin, la division a été renforcée par un bataillon de skieurs et une compagnie de policiers norvégiens, plus à l'aise que les Allemands par grand froid (d'octobre et avril, le sol est recouvert de plus d'un mètre de neige et les températures peuvent descendre jusqu'à moins cinquante au cours des mois d'hiver). Les commandos, dont l'effectif est généralement celui d'une section, partent en mission derrière les lignes ennemies pour une semaine environ afin de saboter la voie ferrée qui se trouve à une soixantaine de kilomètres du front. Malheur aux hommes qui se blessent ou qui tombent malades en cours de route : ils sont systématiquement abandonnés sur place avec un peu de ravitaillement et de munitions et avec le faible espoir d'être récupérés par une patrouille amie sur le chemin du retour. En fait, même si ces coups de main sont assez souvent couronnés de succès, le trafic de la voie ferrée de Mourmansk n'est jamais interrompu de façon significative car les Soviétiques réparent à chaque fois les dégâts avec une célérité étonnante. Réciproquement, les Russes s'infiltrent eux aussi dans les lignes allemandes pour tendre des embuscades et pour établir le contact avec les groupes de partisans. Il n'y a donc aucune zone de sécurité sur l'ensemble du front. Il serait pourtant faux de croire que les combats se limitent uniquement à des coups de main. La colline « Mungo » fait l'objet de batailles acharnées depuis le mois d'avril. Sa possession devient un enjeu d'importance pour l'un et l'autre camp car, du fait de sa position, elle permet l'observation de l'ensemble du secteur et constitue une excellente base de départ pour les raids en forêt. Le 29 juin, les Soviétiques tentent à nouveau de s'emparer de cette hauteur. A 3h10, ils parviennent à s'approcher jusqu'à vingt mètres des lignes tenues par la *8.Kp./SS-Geb.Jg.-Rgt.7.* Les *SS* ouvrent alors le feu pour refouler l'ennemi mais, ce faisant, ils dévoilent leurs positions qui sont aussitôt prises sous un déluge de feux de mortiers et de canons antichars. Au même moment, le reste de la ligne principale de front est pilonnée par l'artillerie russe et par des «Orgues de Staline». Toutes les lignes téléphoniques sont coupées et il faut alors communiquer par radio d'une position à l'autre. Sous la pression adverse, les Allemands doivent abandonner leurs avant-postes situés au pied de la hauteur pour se regrouper un peu plus à l'ouest. Toutes les armes lourdes sont mises à contribution pour repousser l'assaut des Soviétiques. Ceux-ci sont finalement stoppés au niveau du champ de mines établi à mi-chemin du sommet. Deux mitrailleuses lourdes qui prenaient de flanc les SS sont réduites au silence par des tirs de mortiers et de *Nebelwerfer.* Les Soviétiques lancent cependant de nouvelles troupes dans la bataille, mais sans succès. Ainsi, quatre vagues d'assaut sont-elles repoussées l'une après l'autre. Vers 7h00, écœurés par leurs pertes, ils finissent par rompre le combat et se replient sous le couvert de brouillard artificiel. Les SS tentent de les poursuivre mais sont très vite bloqués par des mines. Une nouvelle contre-attaque allemande est brisée deux heures plus tard. Finalement, c'est seulement au cours de l'après-midi que, sous l'impulsion d'un petit détachement d'assaut mené par le *SS-Ostuf.* Fritz von Würfel (avec trois groupes de la *7.Kp./SS-Geb.Jg.Rgt.7* et un groupe de la *8.Kp./SS-Geb.Jg.Rgt.7*), les positions initiales sont

Les combats livrés sur le front de Finlande ne sont pas à la même échelle que ceux qui se déroulent sur le reste du front de l'Est. Ils n'en demeurent pas moins très meurtriers, le cimetière de la division étant là pour le prouver. La SS étant a priori hostile à la religion chrétienne, les tombes des soldats ne sont pas ornées de croix mais de runes. (Collection Heimdal)

reconquises. Battus devant «*Mungo*», les Soviétiques s'en prennent le même jour au point d'appui «*Mende-Waara*» que tiennent des éléments du *SS-Schtz.-Btl.»Nord»*. Ils sont là aussi repoussés en laissant treize tués derrière eux. Un autre point d'appui, «*Kaprolat*», est également attaqué en cours de journée tandis que deux commandos, l'un allemand, l'autre russe, tombent l'un sur l'autre un peu plus à l'est. Les Soviétiques perdent six tués et deux prisonniers au cours de l'escarmouche. Aux dires de ces derniers, le commando russe appartenait au bataillon de pistolets-mitrailleurs de la 45e division de fusiliers, constitué de trois compagnies d'officiers dégradés.

Courant août, le *SS-Geb.Jg.Rgt.6 « Reinhard Heydrich »* lance une attaque de diversion avec le soutien de l'artillerie divisionnaire et de la *SS-Flak-Abt. « Nord »*. Il s'agit ainsi de venir en aide à la *7.Gebirgsdivision* qui tente d'éliminer une série de bunkers au sud du Gankasch-Waara. L'opération est un succès : cinquante bunkers sont détruits et un millier de soldats russes mis hors de combat.

Automne 1943 : rien à signaler

Les derniers mois de l'année, en revanche, ne comportent aucun événement d'envergure. Certes, les activités de patrouille sont poursuivies, mais à moindre échelle et avec des objectifs moins ambitieux. Mais au niveau du simple soldat, cela ne signifie pas qu'il ne se passe rien car il risque sa vie tous les jours. Les snipers sont là pour rappeler que la moindre imprudence peut se révéler fatale tandis que les obus de mortier ou d'artillerie qui tombent ça et là peuvent, par l'effet du hasard, toucher de plein fouet un bunker ou une tranchée. Hermann Lindow a laissé un témoignage sur ce qu'il a appelé «la petite guerre» qui n'en était pas moins meurtrière :

«En cette année 1943, dans la forêt vierge de Carélie, faire des prisonniers est l'objectif principal et ce, des deux côtés du front. C'est pourquoi il est nécessaire de se tenir et de se déplacer en groupe.

Les Soviétiques s'en prennent aux gars du train, aux porteurs d'eau ou aux sentinelles. En tant que skieurs spécialistes – ils ont été instruits au sein d'une brigade spécifique et sont équipés d'armes automatiques – ce sont des adversaires redoutables. Il ne faut pas sous-estimer leur tactique qui consiste à se tenir à l'affût. Un jour, celle-ci se révèle payante. Une attaque déclenchée à courte distance nous fait perdre huit de nos camarades qui revenaient du no man's land. Nous repartons aussitôt. Un peloton après l'autre progresse droit devant. Sur les côtés, ceux qui surveillent nos flancs se font entendre faiblement. Et soudain, là devant, quelques silhouettes blanches se mettent à murmurer. Nous l'apprenons quelques instants plus tard : ce sont nos camarades skieurs norvégiens.

Le commandant donne ses ordres à voix basse. Tout va bien. Nous sommes prêts ! Nous grimpons sur la hauteur avec précaution. Les chefs de groupe scrutent avec vigilance un éventuel mouvement de patrouilleurs ennemis entre les arbres. Mais rien ne bouge. La forêt semble vide. Il y a là le vieux coupe-feu et juste derrière, le sentier de ravitaillement menant aux principaux points d'appui des skieurs soviétiques. Là, une fois, un officier d'état-major russe avait été surpris sur son traîneau avec des documents de première importance.

Les hommes connaissent leurs rôles. Ils rampent sans bruit vers leurs positions : deux ici, deux là, dessinant une poche dans chaque direction. L'Obersturmführer a trouvé un terrain favorable : là, le chemin mène dans une cuvette et attire l'ennemi dans une rampe assez peu escarpée. Les fusils sont pointés sur le bord du sentier. La poche s'élargit au niveau du coude de la descente. Le PC est établi en hérisson à moins de cent mètres de la hauteur. Les transmetteurs ont leurs radios prêtes. La liaison est bonne. Le commandant fait une nouvelle fois un tour de la situation. Cela veut dire qu'il faut attendre.

Soudain, nous entendons l'ennemi depuis une saillie du terrain. A priori, il y a là tout un peloton. Des bruits incohérents se mêlent, confus. Notre calcul est bon. Les Soviétiques se réjouissent de la descente à ski qui les mène en bas de la hauteur. Ils ont leurs pistolets-mitrailleurs en bandoulière. Aucun ne regarde ni vers la gauche, ni vers la droite. Le premier à descendre est un officier puis suivent deux hommes, les autres se tiennent immobiles. Dans les taillis, nos poings serrent les armes plus fermement. Et puis c'est parti ! Cela claque, siffle et déchire. De la neige gicle dans les airs. Des tâches et des flaques de sang apparaissent dans la neige. Le lieutenant soviétique ne peut plus être secouru. Le second a plus de chance. Le troisième réussit à tirer deux ou trois coups puis s'en est fini de lui. Dix-neuf hommes tombent ainsi. Le reste du peloton ouvre le feu avec rage tout autour puis abandonne très vite. Les morts sont comptés rapidement. Il y en a un qui se remet debout et lève les bras. Il est là, désemparé dans ses bottes de feutre. Il est maîtrisé. Chez nous, il n'y a qu'un blessé léger. Le prisonnier est emmené auprès du Ic [officier de renseignement – NdA] *au QG de la division. Quelques heures plus tard, lors de l'interrogatoire, il s'avère que notre position aux aguets a vraiment été profitable. L'homme est originaire de la Volga. C'est un mécanicien qui a été envoyé dans la guerre en forêt vierge. Le petit Pjotr en raconte beaucoup sur les effectifs des troupes, les mouvements, le corps des officiers, les positions, l'armement et enfin sur le moral. Il atterrit un peu plus tard dans un camp de prisonniers à proximité du front et y améliore son ordinaire par des sculptures habiles en échange de cartouches de cigarettes.*

Le temps défile. Une fois encore, les Soviétiques surprennent un poste de garde au niveau d'une bifurcation. L'un des survivants arrive trois jours plus tard devant notre porte : on lui a ôté ses bottes mais il a quand même réussi à s'enfuir.

Au point d'appui de Ssennozero, il y a un départ en patrouille presque tous les jours. Les routes sont précisées et numérotées. L'ordre d'engagement concret est toujours donné le matin. En hiver, les traces de skis facilitent le travail. D'un autre côté, il y a le danger d'une embuscade et de se voir coincés dans le no man's land. Même en été, avec la chaleur et le fléau des moustiques, ainsi qu'avec les armes et les équipements lourds, partir en patrouille est une affaire éprouvante.

En passant par-dessus des arbres abattus, il faut jouer serré afin de ne pas marcher sur une mine

Page ci-contre et suivante : les menuisiers du *SS-Pi.Btl.6* sont sans cesse occupés par la construction d'abris et d'habitations. (Collection Heimdal)

76 108

Un sous-officier regagne son logis et accroche son imperméable en caoutchouc à un arbre contre lequel est appuyée sa moto. (Collection Heimdal)

Des sous-officiers prennent l'air en dehors de leur bunker de rondins que l'on aperçoit au second plan. On remarquera les différentes tenues portées avec quelques variations dans le *feldgrau*. Celui de droite porte une tenue habituellement réservée à l'instruction, avec une veste sans poche. (Collection Heimdal)

Le retour des beaux jours permet de faire une lessive bienvenue. L'intérêt de ce cliché réside dans la couleur brune de la chemise portée par ce soldat, couleur traditionnelle des chemises de la SS. (Collection Heimdal)

Le *SS-Brigadeführer* Matthias Kleinheisterkamp. (Droits réservés)

mains des partisans yougoslaves (ceux-ci exécuteront plusieurs milliers de soldats de la *Prinz Eugen* après la guerre). Libéré en 1950, il s'installera à Kiel d'où il a livré ce témoignage.

Une division d'élite sur un front secondaire

Ces combats illustrent la routine du front du Finlande en cette année 1943. La guerre de mouvement de juillet 1941 est oubliée, il y a peu d'attaques frontales mais plutôt des tentatives de contournement des positions ennemies. La division *«Nord»* privilégie la défense en renforçant les points d'appui et les postes de commandement. Elle bénéficie désormais d'une solide réputation et son personnel, cadres et hommes de troupe, est expérimenté et sait tirer profit des conditions très particulières de cette région. Puissante et bien équipée, elle constitue l'une des meilleures divisions dont dispose l'état-major allemand en Finlande. Du reste, son transfert vers un autre secteur plus menacé du front de l'Est est évoqué en haut lieu. Au début de l'année 1943, on a même évoqué la possibilité de son départ vers l'Afrique du Nord ou encore vers les Balkans pour lutter contre les partisans. Il est vrai que le secteur de Louhi – Kiestinki est des plus statiques et qu'il est dommage d'y gaspiller une telle unité. L'*OKW* émet ensuite l'hypothèse d'un raccourcissement du front pour permettre son transfert : il suffirait de replier le *XVIII.Geb.-AK* derrière la rivière Sohjana, sur l'isthme étroit situé entre les lacs Tuoppa et Pää, de façon à ce qu'une seule division suffise à tenir cette nouvelle ligne défensive. Mais ce raisonnement ne résiste pas à une analyse plus poussée : qu'adviendra-t-il dès que les lacs recommenceront à geler et ne constitueront plus un obstacle pour l'infanterie et les véhicules ennemis ? C'est ainsi que la *SS-Gebirgsdivision «Nord»* va continuer à se battre sur le front oublié de Finlande. Le *SS-FHA,* quant à lui, va très rapidement se souvenir que celle-ci dispose d'un réservoir d'officiers expérimentés et va donc y puiser *largua manu* pour la constitution de nouvelles unités. Ainsi, à la fin de l'année, quittent la division : le *SS-Gruf.* Kleinheisterkamp (*Kdr. III.SS-Pz.*

Korps), les *SS-Stubaf.* May, Schneevoigt, Barnekow et Krüger et le *SS-Hstuf.* Baumann (état-major du *IV.SS-Pz.Korps*), les *SS-Hstuf.* Braune (*Kdr. SS-Flak-Abt.17*), Helm (*Kdr. I./SS-Art.-Rgt.17*), Heinz Müller (*SS-Pi.Btl.17*) et Schlebes (*Kdr. III./SS-Pz.Gren.Rgt.38*). Au début de l'année 1944, les *SS-Ostubaf.* Dern et Herms seront promus à la tête des *Waffen-Gren.Rgt.d.SS 29* et *31*. D'autres officiers seront également mutés : Berthold Maack, Karl-Heinz Stoll, Rudolf Klaphake, Willi Hardieck et Richard Benner, pour n'en citer que quelques-uns. Cette hémorragie de cadres prouve à quel point la *Nord* a pu devenir, en deux ans de combats en Carélie, une division considérée comme faisant partie du noyau dur de la *Waffen-SS.* Sa valeur sera également reconnue par ses adversaires. En janvier 1945, à l'issue de l'opération « *Nordwind* », le commandement américain la qualifiera de « meilleure unité d'infanterie allemande sur le front occidental ».

Le *SS-Hauptsturmführer* Adolf Braun. (US NARA)

Le *SS-Hauptsturmführer* Richard Benner. (DR)

Ci-contre et ci-dessous : remarquables clichés montrant le *SS-Gruppenführer* Matthias Kleinheisterkamp, commandant de la division « *Nord* » du 1er avril 1942 au 15 décembre 1943. Il est ici reçu par le *SS-Standartenführer* Dr Wilhelm Fehrensen, médecin-chef de la division, et par les officiers de la *SS-Sanitäts-Abteilung «Nord»*. Un officier finlandais non identifié a également été convié à cette inspection. Fehrensen sera plus tard nommé à la tête des services médicaux du *IX.Waffen-Gebirgs-Korps der SS* et trouvera la mort le 13 février 1945 à Budapest. (Collection Heimdal)

Fehrensen, de dos, s'est approché d'une construction en bois abritant probablement l'hôpital de campagne de la division, à en juger par la présence d'infirmières. (Coll. Heimdal)

A bord d'une barque à moteur. A voir les mines réjouies des deux soldats sur la droite, l'embarcation revient des premières lignes et ces hommes partent peut-être en permission. (Collection Heimdal)

Notes :

(1) La batterie de canons d'assaut, unité plutôt insolite au sein d'une division de montagne, est transférée à la division « *Totenkopf* », alors en cours de reconstitution dans la région d'Angoulême, le 10 octobre 1942. Pour la remplacer, le *SS-Führungshauptamt* décrète dès le 15 octobre la création d'une nouvelle batterie, mais seulement à compter du 15 janvier 1943 ! Cette batterie doit à l'origine être mise sur pied au sein de la *SS-Panzer-Ersatz-Abteilung* de Weimar-Buchenwald. Toutefois, au 1er décembre, un nouvel ordre en modifie le lieu ; la batterie doit être constituée au camp de Debica, en Pologne, sous la direction de l'*Inspektion 4* du *SS-Führungshauptamt*.

(2) En raison des pertes, les *II./SS-IR6, III./SS-IR6* et *II./SS-IR7* ont été dissous à la fin de l'année 1941. Deux nouveaux bataillons sont levés en Allemagne pour les remplacer puis deux autres, ceux qui sont ici évoqués. Sur le front, au mois de mai 1942, pour les bataillons restants, le *I./SS-IR6* est rebaptisé *I./SS-Geb.Jg.Rgt.2* (*SS-Hstuf.* Bruno Schulz), le *I./SS-IR 7* devient le *SS-Schtz.Btl. «Nord»* (*SS-Hstuf.* Richard Benner) et le *III./SS-IR 7* est rebaptisé *III./SS-Geb.Jg.Rgt.2* (*SS-Hstuf.* Detlef Harzig). Quelques jours plus tard, l'état-major du *SS-IR 6* devient celui du *SS-Geb.Jg.Rgt.2* qui est rebaptisé *SS-Geb.Jg.Rgt. «Reinhard Heydrich»* suite à la mort du dignitaire nazi à Prague. Simultanément, les *I.* et *III./SS-Geb.Jg.Rgt.2* deviennent les *I.* et *III./SS-Geb.Jg.Rgt. «Reinhard Heydrich»* puis les *I.* et *III./SS-Geb.Jg.Rgt.6 «Reinhard Heydrich»* ! Il semble que l'état-major du *SS-IR 7* ait été dissous au début de l'année 1942. Au mois de mai, l'état-major régimentaire mis sur pied au camp de Wildflecken devient celui du *SS-Geb.Jg.Rgt.1* avant d'être renuméroté «7» au mois de juin. Accompagné par les deux bataillons formés en février 1942 et baptisés *I.* et *II./SS-Geb.Jg.Rgt.7* (respectivement dirigés par les *SS-Stubaf.* Friedrich Dern et Paul Herms), cet état-major rejoint la Finlande en juillet 1942. Les deux bataillons créés au mois d'avril, le *II./SS-Geb.Jg.Rgt.6 «Reinhard Heydrich»* (*SS-Ostubaf.* Berthold Maack) et le *III./SS-Geb.Jg.Rgt.7* (*SS-Stubaf.* Willy Braun), ne gagneront la Finlande qu'en septembre 1942.

(3) Le *SS-Oberführer* Hans Scheider assure un intérim de quelques semaines à la tête de la division (avril – juin 1942), Matthias Kleinheisterkamp étant tombé malade.

Série de portraits de soldats de la division, effectuée par le photographe. Il n'y a là que des vétérans endurcis par un à deux ans de campagne sur le front de Carélie. (Collection Heimdal)

La *SS-Gebirgsdivision «Nord»* est la première unité de la *Waffen-SS* à développer des détachements canins. Les chiens et leurs maîtres s'avèrent particulièrement utiles lors de missions de patrouille pour flairer la présence éventuelle d'ennemis. Marchant en tête de la colonne, ils évitent à celle-ci de tomber dans une embuscade. (Collection Heimdal)

Ci-dessus : un embarcadère comme il en existe au bord de tous les lacs situés dans la zone de la division. La *Nord* fait un usage intensif des embarcations pour le ravitaillement de ses unités. C'est en effet un moyen très rapide de rejoindre les premières lignes. En revanche, les embarcations se trouvent très exposées le temps de la traversée. (Collection Heimdal)

Ci-dessus, à droite : nous ignorons pourquoi le photographe s'est attardé sur cet arbre coupé en deux. Peut-être est-ce le résultat d'une attaque aérienne soviétique ? (Collection Heimdal)

Ci-contre : cette photographie et les suivantes n'ont pas été prises sur le front de Finlande et ne montrent donc pas des éléments de la *Nord*. Les diapositives en couleur datant de cette époque étant rares, il était donc intéressant de les publier. Nous voyons ici un reporter de la *SS-Kriegsberichter-Abteilung* en galante compagnie. Sans doute s'agit-il d'amis du photographe. (Collection Heimdal)

Ces soldats se sont regroupés pour une photographie. Vu que la plupart arborent la médaille du premier hiver, cela signifie que le cliché est postérieur à mai 1942. Certains ont les épaulettes de la *Leibstandarte*, d'autres non, ce qui laisse à penser que cette photographie a été prise soit dans une école, soit dans un camp d'entraînement. Au vu de la photo qui suit, nous émettons l'hypothèse qu'il s'agirait de volontaires pour servir dans une unité de panzers de la *Waffen-SS*. En effet, cette dernière se dote de plusieurs bataillons blindés au cours du printemps 1942. (Collection Heimdal)

Ci-dessus : le *SS-Sturmbannführer* Günther d'Alquen, commandant de la *SS-Kriegsberichter-Abteilung,* est ici photographié lors d'un transfert par voie ferrée. Il porte la bande de bras de la *Leibstandarte* avec laquelle il a combattu en Grèce au printemps 1941. (Collection Heimdal)

Ci-dessous : autre photographie montrant Günther d'Alquen en compagnie d'un *SS-Untersturmführer* non identifié. Au vu de l'architecture de la maison, ce cliché aurait pu être pris dans le Sud de la France. (Collection Heimdal)

Superbe photographie en contre-plongée montrant deux *SS-Panzermänner* lors d'un exercice de transmissions. On peut distinguer le passepoil de couleur rose bordant l'épaulette du soldat du premier plan. (Collection Heimdal)

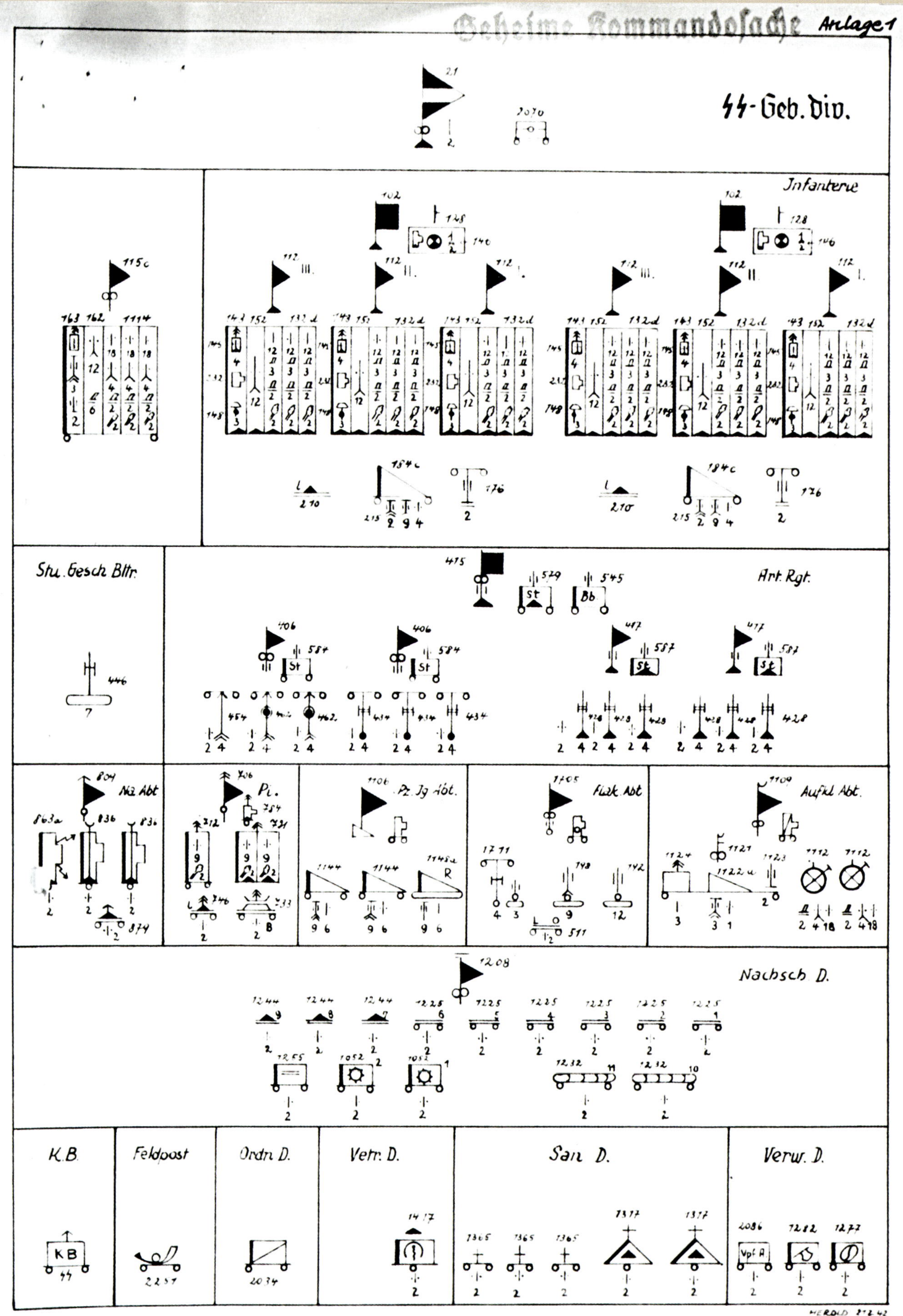
Geheime Kommandosache Anlage 1
SS-Geb. Div.
Infanterie
Stu. Gesch Bltr.
Art. Rgt.
Nz. Abt
Pi.
Pz. Jg. Abt.
Flak. Abt
Aufkl. Abt.
Nachsch. D.
K.B.
Feldpost
Ordn. D.
Vetr. D.
San. D.
Verw. D.
HERBLD 2.12.42

Page précédente : ordre de bataille de la *SS-Gebirgsdivision « Nord »* au printemps 1942. Cet organigramme restera le même à peu de choses près au cours des deux années suivantes. (*US NARA, T175-R109*)

Anlage 1

Führer – Beförderungen.

Eingereicht, jedoch nicht befördert: / **Ohne eingereichte Vorschläge befördert:**

a) zum 9. November 1942 :

Eingereicht, jedoch nicht befördert:

zum SS-Hstuf.
SS-Ostuf. Plötz, Karl, "RH".
zum SS-Ostuf.
SS-Ustuf. Würfel, Fritz, 7
SS-Ustuf. Bürkle, Herbert, Flak
zum SS-Ustuf.
SS-Hscha. Retzbach, Martin, J.-Abt.
SS-Hscha. Wagler, Gerhard, "
SS-Oscha. Ganjon, Emil, "

Ohne eingereichte Vorschläge befördert:

zum SS-Stubaf.
SS-Hstuf. Großgerge, Helmut Art.
zum SS-Hstuf.
SS-Ostuf. Geberth, Ludwig "R.H."
zum SS-Ostuf.
SS-Ustuf. Weber, Walter Abt.III
SS-Ustuf. Lenhardt, Rudolf KB-Zug
zum SS-Ustuf.
SS-Oscha. Weber, Robert Abt.III

b) zum 21. Dezember 1942 :

Ohne eingereichte Vorschläge befördert:

zum SS-Ustuf.
SS-Oscha. Remely, Erwin, 7
" Stör, Friedr. Art.
" Liebscher, Friedr. Stpkt. IV
" Grieshaber, Gerhard KB-Zg.

c) zum 30. Januar 1943 :

Eingereicht, jedoch nicht befördert:

zum SS-Ostubaf.
SS-Stubaf. Dern, Friedrich, 7
SS-Stubaf. Hoffmann, Rudolf, Abt.III
zum SS-Hstuf.
SS-Ostuf. Friedl, Josef, San.Abt.
SS-Ostuf. Matt, Karl, Art.
SS-Ostuf. Jensen, Walter, 7
zum SS-Ostuf.
SS-Ustuf. Witt, Delf Abt.Ia
SS-Ustuf. Ottmann, Werner Schtz.Btl.
zum SS-Ustuf.
SS-Oscha. Erb, Robert, "RH".

Ohne eingereichte Vorschläge befördert:

zum SS-Hstuf.
SS-Ostuf. Aschenbach, Gerhard Art.
SS-Ostuf. Kriener, Eugen Vet.K-
zum SS-Ustuf.
SS-Oscha. Schmitt, August A.A.

Résumé des promotions accordées à des officiers de la division courant novembre et décembre 1942 ainsi que janvier 1943. (*US NARA, Personalakte Matthias Kleinheisterkamp*)

Structure de commandement 1943

Le *SS-Brigadeführer* Matthias Kleinheisterkamp. (Droits réservés)

Fonction et unité	Grade, prénom et nom	Remarques
Etat-major divisionnaire		
Divisions-Kommandeur	*SS-Brif.* Matthias Kleinheisterkamp	
Ia	*SS-Stubaf.* Hans Küchle	
01	*SS-Hstuf.* Erwin Albrecht puis *SS-Ostuf.* Herbert Wienczek	
Ib	*SS-Hstuf.* Willi Baumann	
02	*SS-Ostuf.* Walter Deneke puis Dr Werner Sander	
Ic	*SS-Stubaf.* Lorenz Baier	
03	?	
IIa	*SS-Hstuf.* Helmuth Rahn puis *SS-Hstuf.* Ernst Eberhardt	
IIb	*SS-Ostuf.* Josef Miller puis *SS-Ostuf.* Hermann Diembeck (?)	
III	*SS-Hstuf.* Hans Saller puis *SS-Hstuf.* Walter Weber puis *SS-Stubaf.* Rudolf Hoffmann	
IVa	*SS-Stubaf.* Helmut Thöle puis *SS-Hstuf.* Hans Augustin puis *SS-Hstuf.* Fritz Weddell	
IVb	*SS-Staf.* Dr Wilhelm Fehrensen	
IVc	*SS-Stubaf.* Dr Fritz Hausamen puis *SS-Ostubaf.* Dr Rudolf Sechser puis *SS-Hstuf.* Dr Ludwig Gebarth	
V	*SS-Stubaf.* Paul Barnekow	
VI	*SS-Ostuf.* Werner Güntzel	
WaMun.	*SS-Hstuf.* Kurt Helmes	
Kommandant Stabsquartier	*SS-Hstuf.* Ernst Fuss	
Feldgendarmerie	*SS-Ostuf.* Otto Hoschek	
Musikzug	*SS-Hstuf.* August Neckel	

Le *SS-Standartenführer* Herbert von Obwurzer est un vétéran de la Grande Guerre qu'il termine avec le grade de *Hauptmann* au sein de l'armée austro-hongroise. Il combat dans les pays baltes dans les rangs de la Division de Fer puis sert à partir de 1920 dans la garde territoriale du Tyrol. Il quitte l'Autriche en 1930 pour gagner l'Allemagne et rejoint aussitôt le Parti Nazi. Très vite remarqué par son engagement politique, il est intégré à l'état-major de Rudolf Hess, alors désigné comme le successeur potentiel d'Adolf Hitler. Il s'engage dans la *Wehrmacht* en 1937 avec le grade de *Major* (commandant) et s'illustre à plusieurs reprises, en particulier lors de la campagne de France. Il rejoint la *Waffen-SS* en août 1942 et est aussitôt promu *SS-Obersturmbannführer*. On lui confie les rênes du *SS-Geb.Jg.Rgt.6 « Reinhard Heydrich »*. Il quitte la *Nord* en mars 1943 pour prendre en charge la mise sur pied de la division de montagne SS « *Handschar* », à recrutement bosniaque. Il sera porté disparu le 26 janvier 1945 alors qu'il commandait la *15.Waffen-Gren.Division der SS*, unité constituée de volontaires lettons. (Droits réservés)

Fonction et unité	Grade, prénom et nom	Remarques
SS-Gebirgsjäger-Regiment 6		Renuméroté «11» le 22.10.43
Rgt.-Kommandeur	*SS-Staf.* Herbert von Obwurzer puis *SS-Staf.* Berthold Maack puis *SS-Ostubaf.* Paul Herms puis *SS-Stubaf.* Richard Benner	
Rgt.-Adjutant	*SS-Hstuf.* Robert Gloning puis *SS-Ostuf.* Herbert Wienczek puis *SS-Ostuf.* Werner Hartmann	
Ordonnanz-Offizier	*SS-Ostuf.* Georg Kuhnert puis *SS-Ostuf.* Wolfgang Moser	
Nachrichten-Offizier	*SS-Ostuf.* Kurt Schack puis *SS-Ostuf.* Walter Hertwig	
IVa	*SS-Hstuf.* Karl Gottlieb puis *SS-Ostuf.* Gerhard Ziem	
IVb	*SS-Hstuf.* Dr Kurt Killer	
TFK	*SS-Ostuf.* Heinz Reindhardt (?)	
TFW	*SS-Ostuf.* Ewald Scharffenberg	
Stabs-Kompanie	*SS-Ostuf.* Karl-Heinz Jöhnk	
13.(IG)Kompanie	*SS-Ostuf.* Wilhelm Teuteberg puis *SS-Ostuf.* Werner Hörig puis *SS-Hstuf.* Horst Rehtmeyer	
14.(Pak)Kompanie	*SS-Ostuf.* Gunther Christmann puis *SS-Ostuf.* Alfred Steurich	
15.(Pi.)Kompanie	*SS-Ostuf.* Georg Riedel puis *SS-Ostuf.* Herbert Trompke	
Kradschützen-Zug	*SS-Ostuf.* Walter Lüth	
Hundesstaffel	*SS-Ustuf.* Dr Erich Wilde	
Versorgungs-Kompanie	*SS-Hstuf.* Walter Jurk	
I.Btl./SS-Gebirgsjäger-Regiment 6		
Btl.-Kommandeur	*SS-Hstuf.* Richard Wolf puis *SS-Stubaf.* Hermann Brandt	
Btl.-Adjutant	*SS-Ostuf.* Helmut Prieler	
Ordonnanz-Offizier	*SS-Ostuf.* Heinrich Gradl	
IVa	*SS-Ostuf.* Gerhard Kretschmer	
1.Kompanie	*SS-Hstuf.* Hans Ploss	
2.Kompanie	*SS-Ostuf.* Hans Penders puis *SS-Ostuf.* Karl-Heinz Jöhnk puis *SS-Ostuf.* Walter Rühs	
3.Kompanie	*SS-Ostuf.* Rudi Ungethüm puis *SS-Hstuf.* Alois Burgstaller	
4.(s)Kompanie	*SS-Ostuf.* Alfred Fasching puis *SS-Ostuf.* Bernhard Grünefeld	

Fonction et unité	Grade, prénom et nom	Remarques
II.Btl./SS-Gebirgsjäger-Regiment 6		
Btl.-Kommandeur	*SS-Ostubaf.* Berthold Maack puis *SS-Hstuf.* Robert Gloning Puis *SS-Hstuf.* Adolf Braun	
Btl.-Adjutant	*SS-Ostuf.* Friedrich Rajewski	
Ordonnanz-Offizier	*SS-Ostuf.* Gerhard Schwarz	
Nachrichten-Offizier	*SS-Ustuf.* Alfred Brix	
IVa	*SS-Ostuf.* Johann Cesinger	
IVb	*SS-Hstuf.* Dr Günther Brell puis *SS-Ostuf.* Dr Kurt Beichl	
5.Kompanie	*SS-Hstuf.* Ludwig Weber puis *SS-Ostuf.* Siegfried Gawer	
6.Kompanie	*SS-Ostuf.* Günther Degen	
7.Kompanie	*SS-Ostuf.* Dr Anton Tiray puis *SS-Ostuf.* Hermann Picksack	Le *SS-Hauptsturmführer* Adolf Braun. (US NARA)
8.(s)Kompanie	*SS-Hstuf.* Leo Schulz puis *SS-Ostuf.* Gottlieb Renz	
III.Btl./SS-Gebirgsjäger-Regiment 6		
Btl.-Kommandeur	*SS-Hstuf.* Heinrich Albrecht	
Btl.-Adjutant	*SS-Ostuf.* Konrad Gläsmer	
Ordonnanz-Offizier	*SS-Ostuf.* Dr Herbert Lemmel	
Nachrichten-Offizier		
IVa	*SS-Ostuf.* Max Pohlmann puis *SS-Ostuf.* Joachim Sittel	
IVb	*SS-Ostuf.* Dr Walter Albrecht	
TFW	*SS-Ustuf.* Kurt Pöhlmann	
9.Kompanie	*SS-Ostuf.* Willi Umher (?)	
10.Kompanie	*SS-Hstuf.* Alfred Schmäling puis *SS-Ostuf.* Wilhelm Hoppenstedt	
11.Kompanie	*SS-Hstuf.* Josef Berschneider puis *SS-Hstuf.* Heinrich Mötefindt	
12.(s)Kompanie	*SS-Ostuf.* Hermann Weidmann	
SS-Gebirgsjäger-Regiment 7		Renuméroté «12» le 22.10.43
Rgt.-Kommandeur	*SS-Standartenführer* Franz Schreiber	
Rgt.-Adjutant	*SS-Hstuf.* Ernst Eberhardt puis *SS-Ostuf.* Siegfried Rothemund puis *SS-Ostuf.* Franz Eigel	
Ordonnanz-Offizier	*SS-Ostuf.* Hermann Diembeck	
Nachrichten-Offizier	*SS-Ostuf.* Jakob Wallenwein puis *SS-Ostuf.* Helmut Plate	
IVa	*SS-Hstuf.* Franz Ogris puis *SS-Hstuf.* Werner Löhnert	
IVb	*SS-Stubaf.* Dr Bernhard Fietsch	
IVc	*SS-Hstuf.* Dr Franz Steiner	
VI	*SS-Hstuf.* Adolf Ellenberger	
13.(IG)Kompanie	*SS-Hstuf.* Walter Bartholomaï puis *SS-Ostuf.* Hans Heinrich Wodarg	
14.(Pak)Kompanie	*SS-Ostuf.* Ernst Pieper puis *SS-Ostuf.* Rudolf Marquart puis *SS-Ostuf.* Dr Walter Nestler puis *SS-Hstuf.* Anton Schön	
15.(Pi.)Kompanie	*SS-Ostuf.* Horst Deterding	
Hundesstaffel	*SS-Ostuf.* Wilhelm Jaensch	
Leichte Infanterie Kolonne	*SS-Hstuf.* Heinz Pille puis *SS-Ostuf.* Richard Bulenda	
I.Btl./SS-Gebirgsjäger-Regiment 7		
Btl.-Kommandeur	*SS-Ostubaf.* Friedrich Dern puis *SS-Hstuf.* Heinz Gigerl	
Ordonnanz-Offizier	*SS-Ustuf.* Hans-Georg Neumann	
Nachrichten-Offizier	*SS-Ustuf.* Hans-Jürgen Hundt	
IVb	*SS-Hstuf.* Dr Otto Theis puis *SS-Ostuf.* Dr Theodor Bekkering	
TFW	*SS-Ostuf.* Ferdinand Stabinger	
1.Kompanie	*SS-Hstuf.* Artur Messner puis *SS-Hstuf.* Helmut Leuschke puis *SS-Hstuf.* Hans Berger puis *SS-Ostuf.* Bruno Schütze	
2.Kompanie	*SS-Ostuf.* Walter Rühs puis *SS-Ostuf.* Karl Wagner	
3.Kompanie	*SS-Hstuf.* Eugen Glaub	
4.(s)Kompanie	*SS-Hstuf.* Hans Endres	
II.Btl./SS-Gebirgsjäger-Regiment 7		
Btl.-Kommandeur	*SS-Stubaf.* Paul Herms puis *SS-Hstuf.* Dr Walter Schneevoigt	
Ordonnanz-Offizier	*SS-Ustuf.* Robert Erb	

Fonction et unité	Grade, prénom et nom	Remarques
IVa	*SS-Ostuf.* Ludwig Weirich	
TFW	*SS-Ustuf.* Karl Stifel	
5.Kompanie	*SS-Hstuf.* Dr Walter Schneevoigt	
6.Kompanie	*SS-Ostuf.* Sigmund von Halasz puis *SS-Ostuf.* Kurt Kreuzinger	
7.Kompanie	*SS-Hstuf.* Willi Schrenk puis *SS-Ostuf.* Fritz v. Würfel	
8.(s)Kompanie	*SS-Hstuf.* Paul Schneider	
III.Btl./SS-Gebirgsjäger-Regiment 7		
Btl.-Kommandeur	*SS-Stubaf.* Willi Braun puis *SS-Hstuf.* Heinrich Fockenbreck puis *SS-Stubaf.* Willi Dusenschön	
Btl.-Adjutant	*SS-Ostuf.* Helmut Leistner	
Nachrichten-Offizier	*SS-Ustuf.* Alois Parzl	
IVa	*SS-Ostuf.* Wilhelm Sekyra	
IVb	*SS-Hstuf.* Dr Willi Weinkauff	
TFK	*SS-Ustuf.* Ludwig Knapheide	
9.Kompanie	*SS-Hstuf.* Heinrich Fockenbreck puis *SS-Ostuf.* Heinz Anders	
10.Kompanie	*SS-Hstuf.* Karl Lehmann puis *SS-Hstuf.* Walter Jensen puis *SS-Ostuf.* Otto Töws puis *SS-Ostuf.* Willi Unger	
11.Kompanie	*SS-Ostuf.* Otto Reichardt	
12.(s)Kompanie	*SS-Ostuf.* Fritz Höring puis *SS-Ostuf.* Willibald Rein	
SS-Gebirgs-Artillerie-Regiment «Nord»		
Rgt.-Kommandeur	*SS-Ostubaf.* Johann Göbel puis *SS-Ostubaf.* Richard Einspenner puis *SS-Staf.* Johann Göbel	
Rgt.-Adjutant	*SS-Ostuf.* Ernst Rosenbusch puis *SS-Hstuf.* Otto Hyeronimus	
Ordonnanz-Offizier	*SS-Ostuf.* Dr Klaus Bartling	
Nachrichten-Offizier	*SS-Ostuf.* Alfred Kalweit puis *SS-Ostuf.* Julius Gonschier puis *SS-Ostuf.* Peter Meyer puis *SS-Hstuf.* August Wittland	
IVa	*SS-Hstuf.* Hans Augustin puis *SS-Ostuf.* Wilhelm Wedde	
IVb	*SS-Hstuf.* Dr Josef Waigl	
TFW	*SS-Hstuf.* Gerhard Aschenbach puis *SS-Ostuf.* Kunibert Hagedorn	
Verpflegungs-Offizier	*SS-Ustuf.* Hans Hobohm	
Stabs-Batterie	*SS-Hstuf.* Hans-Joachim Osthoff	
Mess-Batterie	*SS-Hstuf.* Alfred Neuwirth puis *SS-Ostuf.* Karl Haselbach puis *SS-Ostuf.* Wilhelm Götzl puis *SS-Hstuf.* Wilhelm Rohlfing	
I.Abt./SS-Gebirgs-Artillerie-Regiment «Nord»		
Abt.-Kommandeur	*SS-Stubaf.* Richard Einspenner puis *SS-Hstuf.* Hans Bühlmann	
Abt.-Adjutant	*SS-Ostuf.* Johannes Verstraeten puis *SS-Ustuf.* Karl Heinrich Wellendorf	
Nachrichten-Offizier	*SS-Ostuf.* Julius Gonschier	
IVa	*SS-Ostuf.* Rudolf Bleisteiner	
IVb	*SS-Hstuf.* Dr Karl Matt puis *SS-Ostuf.* Dr Adolf Käuflein	
TFK	*SS-Ustuf.* Otto Sachse	
TFW	*SS-Ostuf.* Hans Dinter (?)	
Stabs-Batterie	*SS-Ostuf.* Viktor Pruckl	
1.Batterie	*SS-Ostuf.* Kurt Zenker (?)	
2.Batterie	*SS-Ostuf.* Erwin Gräter (?)	
3.Batterie	*SS-Ostuf.* Albert Fitzner puis *SS-Hstuf.* Andreas Saul	
II.Abt./SS-Gebirgs-Artillerie-Regiment «Nord»		
Abt.-Kommandeur	*SS-Hstuf.* Wilhelm Görcke puis *SS-Stubaf.* Rudolf Klaphake	
Abt.-Adjutant	*SS-Ustuf.* Karl Wurm (?)	
Beobachtungs-Offizier	*SS-Ustuf.* Kurt Nohr	
Nachrichten-Offizier	*SS-Ustuf.* Josef Werner	
IVa	*SS-Ostuf.* Heinz Klipper	
IVb	*SS-Hstuf.* Dr Karl-Joachim Bosse puis *SS-Stubaf.* Dr Paul Fierlings	
TFW	*SS-Ustuf.* Hans-Joachim Hörchner	
Stabs-Batterie	*SS-Ostuf.* Michael Kanzler	
4.Batterie	*SS-Ostuf.* Willi Rappenecker	

Fonction et unité	Grade, prénom et nom	Remarques
5.Batterie	*SS-Hstuf.* Gneomar von Hoym puis *SS-Ostuf.* Siegfried Herold (?)	
6.Batterie	*SS-Ostuf.* Friedrich Rautenberg	
III.Abt./SS-Gebirgs-Artillerie-Regiment «Nord»		
Abt.-Kommandeur	*SS-Hstuf.* Herbert Giese	
Abt.-Adjutant	*SS-Ustuf.* Erwin Knoblauch (?) puis *SS-Ostuf.* Hubert Krieter	
Beobachtungs-Offizier	*SS-Ostuf.* Erhard Stadtfeld	
Nachrichten-Offizier	*SS-Ustuf.* Gustav Kumm	
IVa	*SS-Ostuf.* Wilhelm Wedde	
7.Batterie	*SS-Ustuf.* Hermann Hasselwander puis *SS-Hstuf.* Rudolf Gräul	
8.Batterie	*SS-Ostuf.* Erwin Roller puis *SS-Hstuf.* Dr Robert Helm	
9.Batterie	*SS-Hstuf.* John van der Fecht	
IV.Abt./SS-Gebirgs-Artillerie-Regiment «Nord»		
Abt.-Kommandeur	*SS-Stubaf.* Karl-Heinz Stoll puis ?	
Abt.-Adjutant	*SS-Ostuf.* Erich Gebauer puis *SS-Ostuf.* Walter Schultz	
Ordonnanz-Offizier	*SS-Ustuf.* Günther Prinz	
Beobachtungs-Offizier	*SS-Ostuf.* Heinz Kunde	
Nachrichten-Offizier	*SS-Ostuf.* Josef Weigl	
IVa	*SS-Ustuf.* Ewald Hunschede puis *SS-Ostuf.* Alfred Thar	
TFK	*SS-Ustuf.* Fritz Craemer puis *SS-Ustuf.* Robert Herold	
10.Batterie	*SS-Ostuf.* Hans Hölzgen puis *SS-Ostuf.* August Wittland	
11.Batterie	*SS-Ostuf.* Kurt Hinze puis *SS-Ostuf.* Hans Hennig puis *SS-Ostuf.* Heinz Kühn *SS-Ostuf.* Günter Schrank	
12.Batterie	*SS-Hstuf.* Adolf Cischek puis *SS-Ostuf.* Ernst Deeg puis *SS-Ostuf.* Erwin Roller	
SS-Panzerjäger-Abteilung «Nord»		
Abt.-Kommandeur	*SS-Hstuf.* Hellmuth Netrwal puis *SS-Ostubaf.* Hermann Frimmersdorf	
Abt.-Adjutant	*SS-Ostuf.* Ernst Adam puis *SS-Ostuf.* August Lirk	
Ordonnanz-Offizier	*SS-Ostuf.* Anton Prihoda puis *SS-Ostuf.* Hans-Dieter Benz	
Nachrichten-Offizier	*SS-Ostuf.* Hans Peters	
IVa	*SS-Ostuf.* Franz Briegel puis *SS-Hstuf.* Hugo Mäcke	
IVb	*SS-Ostuf.* Dr Alfred Kieferle puis *SS-Ostuf.* Dr Ignatz Richter	
TFK	*SS-Ustuf.* Wilhelm Dietl puis *SS-Ustuf.* Engelbert Feiertag	
TFW	*SS-Ostuf.* Reinhold Reukauf	
1.Kompanie	*SS-Ostuf.* Ewald Bautz puis *SS-Ostuf.* Franz Gronau	
2.Kompanie	*SS-Ostuf.* Fritz Wimmer puis *SS-Ustuf.* Walter Hemmer	
3.Kompanie	*SS-Hstuf.* Rudolf Markowz puis *SS-Ustuf.* Karl-Heinz Naumann	
SS-StuG.Batterie «Nord»		
Bttr.-Chef	*SS-Hstuf.* Erich Sinn puis *SS-Ostuf.* Helmut Albert puis *SS-Hstuf.* Bernhard Brans	
SS-Aufklärungs-Abteilung «Nord»		
Abt.-Kommandeur	*SS-Hstuf.* Georg Ahlemann puis *SS-Stubaf.* Detlef Harzig puis *SS-Stubaf.* Helmuth Rahn puis *SS-Hstuf.* Willi Hardieck	
Abt.-Adjutant	*SS-Ostuf.* Günter Hasselmann puis *SS-Ostuf.* Hans-Günther Schoer puis *SS-Ostuf.* Alfred Zimmermann	
Ordonnanz-Offizier	*SS-Ostuf.* Ernst Huber	
Nachrichten-Offizier	*SS-Ostuf.* Hans-Günther Schoer puis *SS-Ustuf.* Hans Georg Bleicher	Bleicher se suicide le 4.12.43
IVa	*SS-Ostuf.* Heinz Pieper puis *SS-Ostuf.* Max Käppner	
IVb	*SS-Ostuf.* Dr Rudolf Sekera puis *SS-Hstuf.* Dr Heinz Habisreutinger	
TFK I	*SS-Ostuf.* Gerhard Beyer puis *SS-Ostuf.* Otto Theobald	
TFK II	*SS-Ustuf.* Martin Retzbach	
1.Kompanie	*SS-Hstuf.* Emil Kuhler puis *SS-Ostuf.* Herbert Rau puis *SS-Ostuf.* Heinz Wegener	
2.Kompanie	*SS-Hstuf.* Paul Bösader puis *SS-Ostuf.* Willi Hasselmann puis *SS-Hstuf.* Horst Finzelberg puis *SS-Ostuf.* Dr Richard Kaprolat	
3.Kompanie	*SS-Hstuf.* Wilhelm Schlebes puis *SS-Ostuf.* Kurt Rybka	

Fonction et unité	Grade, prénom et nom	Remarques
	puis *SS-Ostuf.* Helmut Keller	
4.Kompanie	*SS-Ostuf.* Peter Kühnast (?) puis *SS-Ostuf.* Karl-Hans Scheu	
5.Kompanie	*SS-Ostuf.* Karl Kärgelein	
SS-Schützen-Bataillon «Nord»		
Btl.-Kommandeur	*SS-Stubaf.* Richard Benner	
Ordonnanz-Offizier	*SS-Ostuf.* Fritz Grond (?)	
Nachrichten-Offizier	*SS-Ustuf.* Heinz Söst	
IVa	*SS-Ostuf.* Heinrich Erlbacher	
IVb		
TFK 2	*SS-Ustuf.* Eugen Kümmel	
1.Kompanie	*SS-Ostuf.* Hermann Wetjen puis *SS-Ostuf.* Werner Ottmann	
2.Kompanie	*SS-Ostuf.* August Walther puis *SS-Ostuf.* Karl von Zydowitz	
3.Kompanie	*SS-Ostuf.* Werner Ottmann puis *SS-Ostuf.* Otto Reichardt puis *SS-Ostuf.* Rudolf Jeep	
4.(s)Kompanie	*SS-Ostuf.* Hans Linkerhägner	
5.(gem.)Kompanie	*SS-Hstuf.* Herbert Schmid puis *SS-Ostuf.* Konrad Gläsmer	
SS-Flak-Abteilung «Nord»		
Abt.-Kommandeur	*SS-Stubaf.* Friedrich Hengstmann	
Abt.-Adjutant	*SS-Ostuf.* Max Bühler	
Ordonnanz-Offizier	*SS-Ostuf.* Fritz Jobke	
Nachrichten-Offizier	*SS-Ostuf.* Richard Graupner puis *SS-Ostuf.* Otfried Schwalbe	
IVa	*SS-Ostuf.* Julius Rumpenhorst puis *SS-Hstuf.* Josef Frischeisen	
TFK	*SS-Ostuf.* Kurt Scherenberger	
TFW	*SS-Ostuf.* Fokko Rah	
1.Batterie	*SS-Ostuf.* Heinrich Heil puis *SS-Ostuf.* Hans-Otto Bücheler	
2.Batterie	*SS-Hstuf.* Martin Braune puis *SS-Ostuf.* Paul Engber puis *SS-Ustuf.* Erich Grünbeck	
3.Batterie	*SS-Ostuf.* Lambert Schättgen puis *SS-Ostuf.* Adolf Eberhard puis *SS-Ostuf.* Kurt Lehmann	
SS-Pionier-Bataillon «Nord»		
Btl.-Kommandeur	*SS-Stubaf.* Erich May puis *SS-Hstuf.* Alfred Pedersen	
Btl.-Adjutant	*SS-Ostuf.* Günter Friedrich puis *SS-Ustuf.* Häusler	
Nachrichten-Offizier	*SS-Ustuf.* Karl Preisler	
IVa	*SS-Ostuf.* Johann Büngeler	
IVb	*SS-Ostuf.* Dr Paul Probst	
IVc	*SS-Ostuf.* Lambert Theelen	
TFK	*SS-Ostuf.* Ernst Barten	
1.Kompanie	*SS-Ostuf.* Wilhelm Schleicherdt puis *SS-Ostuf.* Günter Friedrich	
2.Kompanie	*SS-Hstuf.* Alfred Pedersen puis *SS-Ustuf.* Horst Forberg	
3.Kompanie	*SS-Ostuf.* Heinz Müller puis *SS-Ostuf.* Gerhard Lähns	
Brückenkolonne	*SS-Ostuf.* Jakob Egger puis *SS-Ustuf.* Gerhard Beese	
Leichte Pionier-Kolonne	*SS-Ustuf.* Fritz Bräutigam	
SS-Nachrichten-Abteilung «Nord»		
Abt.-Kommandeur	*SS-Stubaf.* Karl Krüger	
Abt.-Adjutant	*SS-Ostuf.* Otto Weber	
TFN	*SS-Ostuf.* Erich Ehrke puis *SS-Ostuf.* Karl Zillmer	
IVa	*SS-Hstuf.* Erich Berger	
IVb	*SS-Ostuf.* Dr Herbert Knoll (?)	
TFK	*SS-Ustuf.* Josef Edelbluth	
1.(Funk)Kompanie	*SS-Hstuf.* Karl Stübe puis *SS-Ostuf.* Walter Kölmann puis *SS-Hstuf.* Walter Baur	Stübe est tué le 1/1/ 43 et figure donc dans cette liste.
2.(Fernsprech)Kompanie	*SS-Hstuf.* Arno Grohmann puis *SS-Hstuf.* Wilhelm Mundt puis *SS-Ostuf.* Reinhold Schneier	
3.Kompanie	*SS-Ostuf.* Gerhard Dieckmann	

SS-Sanitäts-Abteilung «Nord»	
Abt.-Kommandeur	*SS-Staf.* Dr Wilhelm Fehrensen
Nachrichten-Offizier	*SS-Ostuf.* Karl Kanz
1.(Sanitäts)Kompanie	?
2.(Sanitäts)Kompanie	*SS-Stubaf.* Dr Ferdinand Winheim
Feldlazarett	*SS-Stubaf.* Dr Karl Becker
Apothecke	*SS-Hstuf.* Dr Hans Wölfel puis *SS-Hstuf.* Dr Ernst Schmucker
SS-Wirtschafts-Bataillon « Nord »	
Btl.-Kommandeur	*SS-Stubaf.* Helmut Thöle puis *SS-Hstuf.* Hans Augustin puis *SS-Hstuf.* Fritz Weddell
Verpflegungs-Amt	*SS-Hstuf.* Heinz Schneider
1.(Schlächterei)Kompanie	?
2.(Bäckerei)Kompanie	*SS-Hstuf.* Karl Gottlieb puis *SS-Ostuf.* Fritz Burgund
Feldpostamt	*SS-Ustuf.* Walter Wiedemann
Divisions-nachschubführer	
Abt.-Kommandeur	*SS-Ostubaf.* Steinmetz
Abt.-Adjutant	*SS-Ostuf.* Heinz Max Fenske
IVa	*SS-Ostuf.* August Koschella
TFK	*SS-Hstuf.* Ewald Hennig puis *SS-Ostuf.* Theo Landes
1.Kolonne	*SS-Hstuf.* Franz Liebermann
2.Kolonne	?
3.Kolonne	?
4.Kolonne	?
5.Kolonne	*SS-Ostuf.* Karl Bunzel
Werkstatts-Kompanie	*SS-Ostuf.* Hans-Werner Krause
SS-Instandsetzungs-Abteilung 6	
Abt.-Kommandeur	*SS-Stubaf.* Paul Barnekow
1.Kompanie	*SS-Ostuf.* Paul Richter
2.Kompanie	*SS-Hstuf.* Rudolf Endesfelder
3.Kompanie	*SS-Hstuf.* Georg Sandkühler
Kraftfahrpark	*SS-Ostuf.* Gerhard Krämer puis *SS-Stubaf.* Erich Born
Waffen-Werkstatts-Kompanie	*SS-Ostuf.* Walter Kroll
SS-Veterinär-Kompanie 6	*SS-Stubaf.* Dr Fritz Hausamen puis *SS-Ostubaf.* Dr Rudolf Sechser puis *SS-Hstuf.* Dr Ludwig Gebarth
IVa	*SS-Ostuf.* Hans Koester
Stützpunkt «Oulu»	*SS-Stubaf.* Wilhelm Honsell

Officiers dont les unités d'affectation ou les postes n'ont pas pu être retrouvés :

SS-Ostuf. Georg Bartenschlager, intendant de l'un des groupes du régiment d'artillerie
SS-Ostuf. Heinrich Barth, *SS-GJR11*
SS-Ostuf. Josef Bäumler, *SS-Wi.Btl.6*
SS-Ustuf. Kurt Bedrich, *TFK*
SS-Ostuf. Günther Berger, *SS-Dinafü.6*
SS-Ostuf. Karl-Heinz Bestmann, Chef de la *12.Kp./11* ?
SS-Ostuf. Tony Binner, *SS-Dinafü.6*
SS-Ostuf. Hermann Binnewies *SS-Rgt.11* ou *12* ?
SS-Ostuf. Karl Blümler, *TFK* de l'un des groupes du régiment d'artillerie
SS-Ostuf. Heinrich Boelsen, *SS-Geb.Art.Rgt.6*
SS-Hstuf. Dr Ernst Bogumil, médecin
SS-Ustuf. Josef Breitenberger, *TFK*
SS-Ostuf. Johannes Brennecke, chef de batterie au sein du régiment d'artillerie
SS-Hstuf. Dr Raimund Ehrenberger, médecin
SS-Ostuf. Viktor Eisele, *SS-Dinafü.6*
SS-Ostuf. Erich Fischer, *SS-Rgt.11* ou *12* ?
SS-Ostuf. Walter Flegel, *TFK*
SS-Ostuf. Hermann Freitag, *SS-Dinafü.6*
SS-Ostuf. Karl Fritsch AR, chef de batterie au sein du *SS-Geb.Art.Rgt.6*
SS-Ostuf. Fritz Guntrum, *SS-Pi.Btl.6*
SS-Ostuf. Karl Hänschen
SS-Ostuf. Alwin Hatje, *SS-Dinafü.6*
SS-Ostuf. Gerhard Heske, *SS-Dinafü.6*
SS-Hstuf. Werner Höpfner, *SS-Dinafü.6*
SS-Ostuf. Dr Hermann Hummel, médecin
SS-Hstuf. Ernst Jahnke, intendant
SS-Ostuf. Dr Otto Koller , médecin
SS-Hstuf. Dr Arnold Lambrecht, médecin
SS-Ostuf. Richard Osswald, *TFK*
SS-Hstuf. Dr Henning Schneider, médecin
SS-Ostuf. Wolfgang Schröder, *SS-Flak-Abt.6*
SS-Ostuf. Robert Stangl, *SS-Geb.Art.Rgt.6*
SS-Ostuf. Reinhold Walther
SS-Ostuf. Albert Weiss, *SS-Flak-Abt.6*
SS-Ostuf. Dr Karl Wotke, médecin
SS-Ostuf. Wolfgang Wutz, *SS-Flak-Abt.6*
SS-Hstuf. Dr Friedrich Zistler, médecin

**Achevé d'imprimer en octobre 2016
sur les presses de l'imprimerie de Champagne à Langres
pour le compte des Editions Heimdal.**